杉原千畝《ちうね》に聞く 日本外交の正義論

RYUHO OKAWA
大川隆法

まえがき

元・外交官の杉原千畝《ちうね》氏は、やはり日本の生んだヒーローの一人ではあるだろう。正義を貫いても、在世時《ざいせじ》にはなかなか認められないのも、ヒーローの条件の一つかもしれない。

日本政府が戦後なかなか杉原氏の名誉を復権させなかったのも、あるいはイスラエルと対立するイスラム教のアラブ諸国との石油外交もあったのかもしれない。

杉原映画とほぼ同時期に、トルコとの友好促進になった「海難《かいなん》１８９０」という、トルコと日本の相互の助け合いを描いた映画も上映されているが、ＰＲべたの日本が、戦後七十年の節目に、少しは智慧《ちえ》を働かせたというべきかもしれない。

いずれにせよ、本書が日本の自虐史観《じぎゃくしかん》を払拭《ふっしょく》する上でも、大切な一助《いちじょ》となることを希望する。

二〇一五年　十二月二十四日

幸福《こうふく》の科学《かがく》グループ創始者兼総裁《そうししゃけんそうさい》　大川隆法《おおかわりゅうほう》

杉原千畝に聞く　日本外交の正義論　目次

杉原《すぎはら》千畝《ちうね》に聞く　日本外交の正義論

二〇一五年十二月九日　収録
東京都・幸福の科学総合本部にて

「霊言現象《れいげん》」とは、あの世の霊存在の言葉を語り下ろす現象のことをいう。これは高度な悟《さと》りを開いた者に特有のものであり、「霊媒現象《れいばい》」（トランス状態になって意識を失い、霊が一方的にしゃべる現象）とは異なる。

なお、「霊言」は、あくまでも霊人の意見であり、幸福の科学グループとしての見解と矛盾《むじゅん》する内容を含《ふく》む場合がある点、付記しておきたい。

杉《すぎ》原《はら》千《ち》畝《うね》に聞く　日本外交の正義論

二〇一五年十二月九日　収録

東京都・幸福の科学総合本部にて

杉原千畝《すぎはらちうね》（一九〇〇～一九八六）

外交官。早稲田《わせだ》大学高等師範《しはん》部英語科予科に在学中、外務省留学生試験に合格。外務省採用後は、ハルビン総領事館二等通訳官、満州国《まんしゅうこく》外交部事務官等を歴任。モスクワ日本大使館二等通訳官に任命されるもソ連から入国拒否《きょひ》を受ける。駐《ちゅう》リトアニア在カウナス日本領事館領事代理時代の一九四〇年、ナチスから逃《のが》れるユダヤ難民からの要望を受け、一カ月半にわたり独断で約六千人に通過ビザを発給。戦後、イスラエルのヤド・ヴァシェム賞受賞。「日本のシンドラー」とも称《しょう》される。

質問者　※質問順

綾織次郎《あやおりじろう》（幸福の科学上級理事 兼《けん》「ザ・リバティ」編集長 兼 ＨＳＵ講師）

釈量子《しゃくりょうこ》（幸福実現党党首）

磯野将之《いそのまさゆき》（幸福の科学理事 兼 宗務《しゅうむ》本部海外伝道推進室長 兼 第一秘書局担当局長）

［役職は収録時点のもの］

1 「命のビザ」を発給した元外交官・杉原千畝《すぎはらちうね》を招霊《しょうれい》する

ユダヤ人難民に「命のビザ」を発給した杉原千畝《すぎはらちうね》

大川隆法　エル・カンターレ祭前なので、もう霊言《れいげん》はしないつもりでいたのですが（本収録の六日後の二〇一五年十二月十五日、千葉《ちば》・幕張《まくはり》メッセ・幕張イベントホールを本会場に、全世界中継《ちゅうけい》でエル・カンターレ祭を開催《かいさい》。「信じられる世界へ」と題して説法《せっぽう》した）、公開中の映画「杉原千畝《すぎはらちうね》　スギハラチウネ」を観《み》たところ、やはり好奇心《こうきしん》のほうが勝《か》ってしまいました（笑）。それで、どんな人か調べてみたくなったのです。

あまり、エル・カンターレ祭準備に差し支《つか》えなければ

2015年12月公開の映画「杉原千畝　スギハラチウネ」（日本テレビ放送網／東宝）

ばよいとは思うのですが、これは、来年二〇一六年の方針が示された経典《きょうてん》『正義の法』（幸福の科学出版刊）にもかかわることでしょう。そういう意味で、歴史観や外交論について、違《ちが》った視点から見ることもできるかと思っています。

ご存《ぞん》じの人が多いでしょうが、杉原千畝は、ユダヤ人難民を脱出《だっしゅつ》させるための「命のビザ」を発給したことで有名な方です。最近では取り上げられることも多いので、小・中学生、高校生あたりでも知っている人が増えていると思います。

この方は外交官であって、日本から見れば分かりにくいかもしれませんが、リトアニアという、旧ソ連の近くにある国に赴任《ふにん》しました。

そのころ、ドイツがユダヤ人迫害《はくがい》を始めたため、命の危険を感じた人たちが、難民となって出てきていたのです。まだ、アウシュビッツでの皆殺《みなごろ》しのようなことは始まっていない時期ではあったものの、迫害を受けて逃《に》げ始めていました。

正義の法
The Laws of Justice
憎しみを超えて、愛を取れ
大川隆法
あらゆる価値観の対立を超えて……
私たち一人ひとりが、「幸福」になる選択とは何か。
『正義の法』
（幸福の科学出版刊）

ちょうど、ドイツによってポーランド等も占領《せんりょう》され、国が次々に取られてきており、「特にユダヤ人系は危《あぶ》ない」ということで、みんな命からがら逃げようとするのに、どこもビザを出してくれるところがなくて困っていたわけです。

そこで、多くのユダヤ人が、リトアニアのカウナス日本領事館領事代理をしていた杉原千畝のところへ集まってきて、「ビザを出してくれ」と頼《たの》みました。

ところが、当時、日本国政府はドイツと連携《れんけい》を進めており、「三国同盟」に入ろうとしていた時期であったため、ビザの発給は、正式にはドイツに敵対する行為《こうい》になるので、認められません。それを杉原は、外務省に問い合わせをし

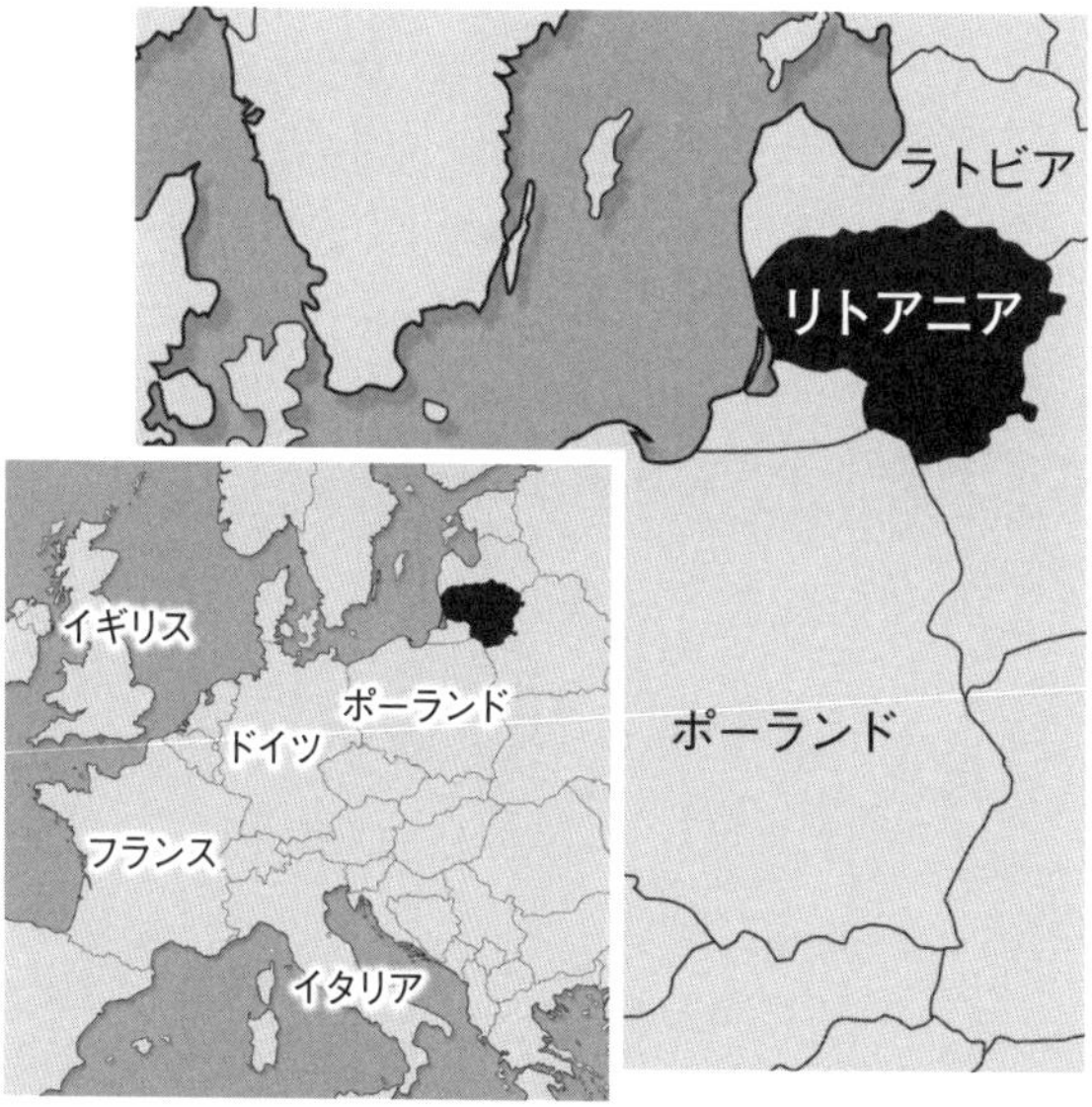

リトアニア共和国は東欧のバルト三国の一つ。第一次大戦後にロシアから独立したが、第二次大戦中、ソ連とドイツから侵略を受けた。リトアニア在住のユダヤ人は20万人近くも殺害されたと言われる。

ては「駄目《だめ》だ」と言われるのを繰《く》り返しつつ、その間に時間を稼《かせ》いで、ビザを出したのです。

さて、何千人も押《お》し寄せてき始めたのは、昭和十五年、一九四〇年七月のことです。ドイツの軍事侵攻《しんこう》が一九三九年、日本の大東亜《だいとうあ》戦争あるいは太平洋戦争の開始が一九四一年ですから、それから見ると、日本の開戦の前年、まだ戦争が始まる前の段階に当たります。

「独ソ情勢を見極《みきわ》める」という任務

大川隆法　なお、杉原には、もともとはソビエトのモスクワ大使館に勤めたいという希望があったようです。しかし、満州《まんしゅう》方面において、スパイ活動等でいろいろと巻き込《こ》まれたことがあったらしく、ソ連には入《い》れられないでリトアニアに行きました。また、任務としては、「独ソ情勢を見極《みきわ》める」ということであったようで、今回の映画でも、そちらのほうに力点が置かれていたように思います。おそらく、ビザの発給自体は有名な話なので、それよりも、やや杉原自身のスパイ性のようなところが描かれていたのでしょう。

ただ、「命のビザ」を出したことは、ほめられることだとは思いつつも、映画をつくっている枠組《わくぐ》み自体は、〝古い史観〟そのものに則《のっと》っていたように見えます。

例えば、映画で描かれている関東軍もひどいですが、ドイツ軍も「悪魔の軍隊」でした。また、日本の外務省は間抜《まぬ》け揃《ぞろ》いだし、帝国《ていこく》陸海軍も「まったく世界情勢が見えないバカ」といった感じに描かれていたようには思うのです。

「そのなかで、杉原一人が醒《さ》めて見えていた」という感じにしているのですが、それが妥当《だとう》な描き方なのかどうかについては、私も分かりません。

ただ、駐《ちゅう》ドイツ大使に関するところの描き方も、そのとおりのようで、ちなみに映画では小日向文世《こひなたふみよ》さんという、〝お笑い芸人〟のような役者が演じています。

リトアニア退去後、一九四一年にドイツ領のケーニヒスベルク総領事館に移った杉原は、正式にドイツから「ソ連侵攻」を告《つ》げられる一カ月前ぐらいに、国境線にドイツ軍が集結しているのを知って、「ドイツのソ連侵攻は間違いない」と、日本の外務省にも駐ドイツ大使にも報告しました。それは、実際にあったことのようですが、その報告を聞いても、外務省は特に反応はしていなかったらしいのです。

ところが、それは大きな問題でした。

そのころ、「独ソ不可侵条約」が結ばれていて、「ドイツ側はソ連には侵攻しない」という条件の下《もと》に、ポーランド侵攻から始まって、フランスやイギリスとの戦いになっていったわけです。同じく、ソ連のほうも、「東ヨーロッパを半分こしよう」という意図を持っていたようではありました。そして、その先にあるものとして、「ドイツがソ連まで攻《せ》め込むかどうか」ということを見極めるのが、実は、杉原の外交官としての仕事だったと思うのです。

なぜなら、当時、日独伊《にちどくい》三国同盟を結んでいた日本は、ソ連と不可侵のための条約（日ソ中立条約）を結んでいたし（一九四一年四月調印）、ドイツも同じような条約を結んでいました。さらに、ソ連を取り込むことができれば、日独伊にソ連を加え、三国同盟ではなく、「日独伊ソ四国協商」をつくれたのです。そうすれば、欧米《おうべい》のアングロサクソン系の連合に十分に対抗《たいこう》できるという読みがあったのでしょう。ただ、このへんは、世界史でもよく分かっていないのかもしれません。

いずれにせよ、ドイツ大使より一カ月ぐらい早く、杉原は国境線にドイツ軍が集まっているのを見て、「もう侵攻は間違いなし」と判断し、日本の外務省やドイツ大使に連絡《れんらく》してきました。要するに、同盟国であるドイツにバレるのが分かっているのに、そちらのほうにも連絡してきたこと自体、そのへんの筋《すじ》を読んでいたということでもあろうと思うのです。

確かに、四国協商ができれば、日本は戦争に負けずに済む可能性があったのですが、ドイツがソ連に攻め込むとなると、ソ連が英仏のほうと同盟を組みに入るのは、ほぼ間違いありません。

英米仏とソ連とが組んだ場合、ドイツとソ連が戦ったら、日本とソ連は戦わないことになっていたとしても、日本も背後からソ連に襲《おそ》われる可能性が高くなります。

つまり、南方戦線に展開している日本軍が、後ろからソ連に襲われるかもしれないというなかで、アメリカとも戦いを開けば挟《はさ》み撃《う》ちになるために、非常に危険な状態になるわけです。

それで、正式に通告される一カ月ぐらい前に、杉原は、「ドイツのソ連侵攻間違いなし」と打電していたのですが、本省も、ドイツにある日本大使館も無視しました。

さらに、杉原のほうは、チェコスロバキアのプラハの日本総領事館に送られたり、ルーマニアのブカレスト公使館に送られたりと、いろいろ異動させられています。

「命のビザ」発給に秘められた本当の理由は何か

大川隆法　話をリトアニア時代に戻《もど》すと、当時、ユダヤ人迫害はすでに始まっていたので、ユダヤ人たちは押《お》し寄せてきていました。ドイツにポーランドを取られていたので、ポーランドのユダヤ系の人たちも逃げてきていたのですが、どこもビザを出してくれないため、杉原のところに来て、十日ぐらい粘《ねば》っていたようです。

このようななか、杉原は本国の意思を無視し、あとで責任を取らされる可能性が高いと思いながらも、独自の判断でビザを発給しました。手元にある資料には、「六千五百人ぐらいのユダヤ人難民にビザを発給し続けた」と書いてあります。

この数字にはいろいろと異論があって、映画では、「二千百三十九枚のビザ」となっていたかと思いますし、ほかにも四千人ぐらいとか、三千人ぐらいとか、さまざまな説があるようです。なお、映画では、「その子孫《しそん》は四万人以上にもなっている」というようにまとめていました。これは、人道的な観点から行われたことでもあるでしょう。

しかし、それだけではないかもしれません。日本は、日独伊三国同盟を結ぶときに、「ドイツが民族差別政策、有色人種に対する差別政策を取っている」

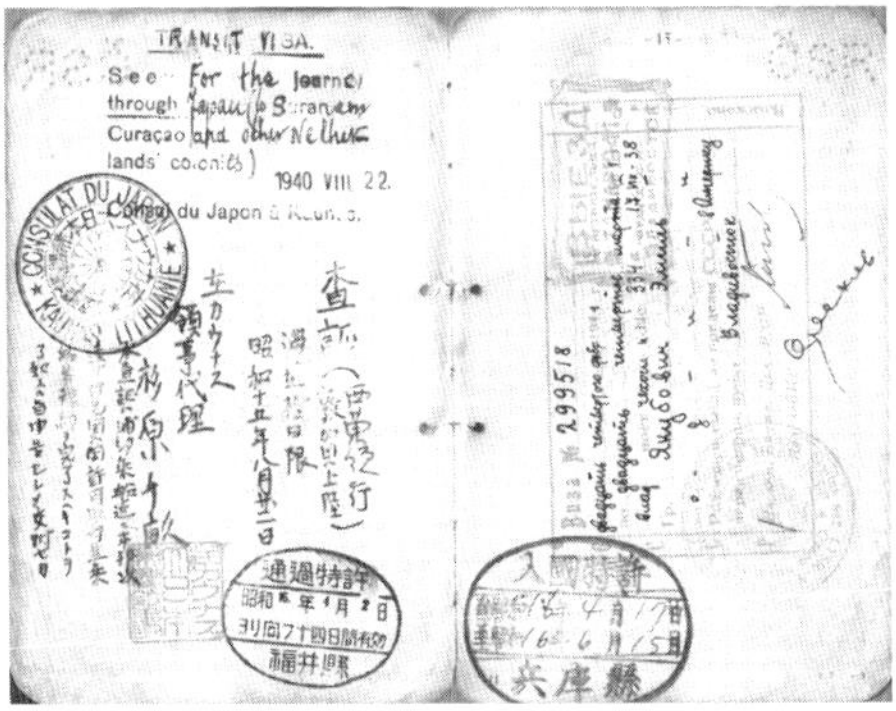

杉原千畝が発給した日本通過ビザの一つ。見開き左下部分には、大量発行するために急造した署名の判が押印されている。

ことを知っていたのに、一生懸命《いっしょうけんめい》、隠《かく》すようにしていました。ヒットラーが獄中《ごくちゅう》で書いた『マインカンプ（わが闘争《とうそう》）』のなかには、有色人種に対する迫害について触《ふ》れている部分があったのですが、日本語訳のほうではそこが削除《さくじょ》され、印刷のときにはスポッと抜けていたのです。

ただ、ドイツ語が読める、旧制高校や大学の学生たちは、そのへんを知っていたようではあるし、当然、外務省も知っていたはずですが、政府としては、その部分には目をつぶっていたのでしょう。

これに対して、当時の日本は「八紘一宇《はっこういちう》」の精神を持っており、「諸国民が一つの屋根の下《した》に住めるような同胞《どうほう》になる」という目的を掲《かか》げていました。したがって、その政策と、ドイツの民族政策、つまり「アーリア人優越《ゆうえつ》政策」とは、合わなかったわけです。

その流れで杉原をかばう内容が、最近発刊した大川真輝《まさき》著の『大川隆法の〝大東亜戦争〟論［中］』（大川真輝著、ＨＳＵ出版会刊）にも書いてありました。要するに、

「八紘一宇の精神から見て、天皇陛下《へいか》に代わって判断するとしたら、どうなるか。やはり、日本の天皇陛下なら、この難民に対してビザを発給されただろう。御心《おこころ》を忖度《そんたく》するに、そうなのではないか。外務省が何と言おうと、たぶん、天皇陛下はユダヤ人差別を許さないはずだから、発給を認めたに違いない。そういう気持ちで出した」というようなことが書かれています。

さらにもう一つの観点としては、映画では明確でなかったものの、教会が出てくる場面がありました。おそらく、杉原千畝は「ロシア正教」に入信していたのではないかと思われます。

そういう意味で、必ずしもユダヤ教と合うものではないにしても、ロシア正教もキリスト教なので、そのなかにある「キリスト教の普遍《ふへん》的精神」といったものが多少影響《えいきょう》した面もあるのかもしれません。

『大川隆法の“大東亜戦争”論［中］』
（大川真輝著、ＨＳＵ出版会刊）

また、これも映画で明確には描かれていなかったのですが、杉原は最初、ロシア人女性と結婚《けっこん》していたようです。そのときに、スパイと疑われる事件があって離婚《りこん》となりました。このスパイ論争のところはよく分からないですし、彼は離婚したあと、日本人と再婚したようではありますが、そういうこともあって、ソ連から遠ざけられていたのでしょう。そういう微妙《びみょう》な立ち位置にある人だったのです。

いずれにせよ、謀略《ぼうりゃく》的な問題というか、インテリジェンス（諜報《ちょうほう》）活動をしている立場の人が、「正義」という観念、または、「信念」というようなもので行動したのか。あるいは、諜報活動をしているうちに巻き込まれていったのか。もしくは、外務省の本流からは外《はず》され、野党的立場にあった者として、本省にも反発しながら、感情的なものに動かされてビザの発給をしたのか。

このあたりについては、よく分からないので、今日、訊《き》いてみたいと思っています。

●杉原千畝の離婚　満州での関東軍のやり方に批判的であった杉原に対して、関東軍は、「杉原の妻クラウディアがソ連側のスパイである」という風説を流布し、これが離婚の決定的理由になったと言われる。

杉原千畝はなぜ〝抹殺《まっさつ》〟されたのか

大川隆法　付け加えますと、おそらく、杉原のビザで逃《のが》れたユダヤ人の多くは、アメリカに行ったのでしょうが、その逃れたユダヤ人のなかには、アメリカの原爆《げんばく》開発にかかわった方もいたようです。そして、「『自分は、杉原によって命を助けられた者であるので、どうか、原爆を日本に落とさないでくれ』という嘆願書《たんがんしょ》をアメリカ政府に出していた」というような話も聞いています。要するに、「日本に落とすためにつくったつもりではない」ということでしょう。それが誰《だれ》であるかは別として、そういう話もあるのです。

そういう意味で、杉原の行為がもっと早くに称《たた》えられていたら、あるいは違っていたのかもしれません。

さらに、もう一つの謎《なぞ》があります。杉原は、戦争が終わったあと、ソ連軍によってブカレストに抑留《よくりゅう》されたのですが、翌年《よくとし》（一九四六年・昭和二十一年）に解放され、その一年後の昭和二十二年に日本に帰ってきました。ところが、当時、外務次官の岡崎勝男《おかざきかつお》という人から、外交官としての訓令違反《いはん》を理由に罷免《ひめん》され、外交官をクビになるのです。

ちょうどそのころは、極東《きょくとう》軍事裁判（東京裁判）があり、日本の戦争犯罪を糾弾《きゅうだん》していた時期でした。そして、南京《ナンキン》事件なども取り上げられていたわけです。

ただ、そのときに、「ユダヤ人を逃がした」という、杉原の英雄《えいゆう》的行為を持ち出してくれれば、南京事件のところを〝打ち消す〟ぐらいはできたでしょう。政治的に、あるいは、外交的にそうできたはずなのに、なぜか、昭和二十二年に外務省は杉原を罷免しています。これは、非常に分かりにくい部分です。

また、次のようなこともあります。

渡部昇一《わたなべしょういち》さんをはじめとした保守の言論人たちは、「実は先の大戦で、フランクリン・ルーズベルトは、日本のハワイ攻撃《こうげき》について、事前に知っていた」というようなことを言っています。山本五十六《やまもといそろく》連合艦隊《かんたい》司令長官も、アメリカの気質はよく知っているので、「絶対に開戦時刻前に、アメリカに通告するようにと念押しをしていた」とも言われていますが、これはおそらく事実でしょう。

ちなみにその日は、日本時間で十二月八日ですから、今から七十年と一日前ということです（注。本収録は、二〇一五年十二月九日に行《おこな》った）。ところが、アメリカ時間では十二月七日で、その日は日曜日でした。要するに、パールハーバー攻撃は日曜日だったので、現地のアメリカ大使館のタイピスト等が休んでいたのではないかとも思われるのです。そうした、米国政府に出す重要な内容の書類を、日本人がタイプしていたために遅《おそ》くなったということかもしれません。実際には、一時間から一時間半ぐらい遅《おく》れたのではないかと言われています。

これが故意によるものだったのか、たまたま事務的な遅れによるものだったのかについては、もちろん異論はあるでしょう。謀略説で言えば、「アメリカは、『日本はいつも奇襲《きしゅう》攻撃をする国だから、絶対に奇襲するだろう』と読んでいた」という面もあります。また、電文もすでに解読されていたことは分かっているのです。

ところが、ルーズベルトは、それを「スニーキー・アタック（騙《だま》し討《う》ち）だ！」と言って戦意高揚《こうよう》に使いました。選挙のときには、「戦争しない」ということを公約にして大統領になったのですが、「日本のスニーキー・アタックだ！　不意打ちを受けた。騙し討ちだ！」ということで戦意高揚し、戦争をやりました。

それなのに、開戦通告が遅れたことに関係した日本の外務省の方々は、戦後、みな〝出世〟しているのです。渡部昇一さんも述べていますが、外務次官になった人もいるようです。つまり、通告が遅れたことによってアメリカの猛《もう》反撃を受けたわけですから、関係者は処分されるべきところが、みな昇進《しょうしん》してしまいました。また、ドイツ寄りだった人たちも昇進しています。

一方、反対した側にいた杉原は処分されたわけです。

このあたりの秘密としては、「『東條《とうじょう》（英機《ひでき》）が極悪人の軍国主義者で、彼の独裁的な軍事思想によって日米開戦に突《つ》き進んだのだ』ということにして、

『公開霊言 東條英機、「大東亜戦争の真実」を語る』（幸福実現党刊）

『外務省無罪説』『天皇無罪説』のようなものを一部ではつくっていたのではないか。それを守るために、杉原を処分に追い込んだのではないか」という説が根強くあります。

確かに、杉原の話を英雄的行為として認めれば、南京事件については打ち消せるぐらいの力があって、「日本はドイツとは違って、人道主義的な国だった」と言えたでしょう。しかし、そうしたら、杉原に関係して、外務省の不手際《ふてぎわ》の部分がいろいろ出てきます。つまり、「杉原が言っていたことが全部分かってくると、外務省がそれを聞かなかったことについて責任が問われるため、〝抹殺《まっさつ》〟したのではないか」と言われているわけです。

「偉人《いじん》の条件」を満たしているように思われる杉原千畝

大川隆法　さて、杉原は一九〇〇年生まれで一九八六年に亡《な》くなっているので、私にとっても同時代人で、三十年ぐらいは重なっており、幸福の科学立宗《りっしゅう》の年に亡くなった方ではあります。

ただ、生前、外務省から名誉《めいよ》を回復されることはありませんでした。死後になってやっと、大臣が奥《おく》さんと会ったりしています。

なお、イスラエルからは、亡くなる直前の一九八五年に、「諸国民の中の正義の人」賞（ヤド・ヴァシェム賞）を受けました。それに比べて外務省は、杉原千畝が亡くなってからあとに、やっと杉原家とも関係を回復したような状態になっているので、ものすごく意固地《いこじ》になっている面はあるでしょう。

今回の映画にも、助けられたユダヤ人の代表者が、杉原を探して外務省に行っても、「そんな人は戦前にも戦後にもいない。そんな人はいなかった」と言われる場面が描かれていました。確かに、「チウネ」と読めずに、「センポ」と言っていたので、正式に言って、「センポという人はいなかった」というのは、そのとおりかもしれません。字句通りで考えた

「諸国民の中の正義の人」賞
の記念メダル

場合、役所仕事的には、そのとおりだと思いますが、「リトアニアで領事代理をやっていた杉原」は一人だけなので、すぐに分かることです。やはり、それをあえて認めたくなかった事情があったのではないでしょうか。

結局、杉原はその後、外務省と距離《きょり》を取って、小さな商社に勤めてソ連あたりで貿易に携《たずさ》わり、不遇《ふぐう》のうちに人生を終えたようです。

ただ、前述したとおり、亡くなる前年に、杉原を探していた人たちが所在を突き止め、イスラエル政府から、「諸国民の中の正義の人」賞をもらったことは、よかったのではないかと思います。

なお、亡くなったあとは、日本でもいろいろ称《たた》えられるようになるので、ストーリー的には、「偉人《いじん》の条件」を満たしているような感じに見えなくもありません。

さあ、この人は当時の大東亜戦争や、ヨーロッパの戦争等を、どのように見ていたのでしょうか。また、今も戦争の危機はあり、実際に中東では空爆が行われていて、難民がヨーロッパに流れ出ています。日本も、難民を受け入れないところを非難されているわけです。こういう問題や、あるいは中国の問題等について、どう思っているのか、やはり関心はあります。

さらには、この人が、そもそも「正義の人」であるのか。偉人の分類に入るのか。あるいは、違ったところがあったのに、よいところだけを見ているのか。いや、正しく慧眼《けいがん》の人で、日本の未来を見抜いていたのか。このあたりも知りたいところではあります。

ちなみに、映画の副題がラテン語で書いてありましたが、それは、外交用語で「好ましからざる人物（ペルソナ・ノン・グラータ）」を意味する言葉でした。そういう人が、イスラエルからは、「諸国民の中の正義の人」賞をもらっているわけです。

このあたりはどうなのかについて、宗教ジャーナリズムで取材できるのは当会しかありません。そういう意味では、この霊言は、非常に貴重なものになるのではないかと思います。

なお、映画については新潮社《しんちょうしゃ》が出した本がもとになっているので、クレディビリティー（信頼性《しんらい》）にやや問題はあるかもしれません（笑）。ややスパイの部分を強調していたような気もしますが、「ビザの発給」については有名すぎるので、そこにウエイトを置いてもしかたがないのでしょう。その話は、映画のなかほどぐらいに持ってきて、スパイの部分がいろいろ描かれていたようではあります。

ともかく、今、前提知識を話しましたので、これで訊《き》けるのではないでしょうか。

それでは行きます。

先の第二次大戦中に、リトアニアで領事代理をなされ、「命のビザ」を発給し、何千人というユダヤ人難民をお救いになった杉原千畝さんの霊を、幸福の科学総合本部にお呼びして、その「本心」や「外交観」、あるいは「戦争観」等について、特に「正義」の問題も含《ふく》めてお聞き申し上げたいと思います。

杉原千畝の霊よ。

杉原千畝の霊よ。

どうぞ、幸福の科学総合本部に降りたまいて、そのご本心を明かしたまえ。
杉原千畝の霊よ。
どうぞ、幸福の科学総合本部に降りたまいて、そのご本心を明かしたまえ。
ありがとうございます。

（約十秒間の沈黙《ちんもく》）

杉原千畝（1900 ～ 1986）

外交官・杉原千畝を世界的に有名にしたユダヤ避難民への「命のビザ」発給は、おもに 1940 年 7 月 26 日から 9 月 4 日までの 41 日間行われた。昼夜を問わずぎりぎりまで発給したビザによって助かったユダヤ人は少なくとも 6000 人に上るとされている。（右下：リトアニア・カウナスの旧日本領事館／左下：首都ビリニュスに建つ杉原千畝記念碑）

2　日本は第二次大戦の戦局をどう読んでいたのか

日本は当時、「有色人種排斥《はいせき》政策」をどう見ていたのか

杉原千畝　（手を二回叩《たた》く）

綾織　こんにちは。

杉原千畝　ああ……、杉原です。

綾織　今、日本では、まさに、杉原さんのお名前をそのまま冠《かん》した映画（「杉原千畝 スギハラチウネ」）が公開になっていて、非常に注目を集めています。

杉原千畝　ああ。それは伝わってます。名誉《めいよ》なことだと思っております。

綾織　たくさんの人の関心が集まっているところですので、「実際に、杉原さんというのは、どういう方だったのか」というところについて、今日はぜひ、いろいろな角度からお話をお伺《うかが》いしたいと思っています。

杉原千畝　いや（笑）、そんなに〝裏返し〟〝表返し〟見られていいほどの人物ではございませんでして……。

綾織　あっ（笑）、そうですか。

杉原千畝　ご存《ぞん》じのとおり、「本省（外務省）の意向には反して、ユダヤ人難民にビザを発給してクビになった」と、それだけの男。だから、「三流官吏《かんり》の哀《あわ》れな生涯《しょうがい》」ということです。

綾織　それでいきますと、「外務省が、組織として悪かったのだ」というような感じになりまして……。

杉原千畝　いやあ、外務省は正しかったんじゃないですか。私は知ってて、ドイツの政策に反することをやったわけですから。ドイツがやろうとしていることを知ってて、やったことですから。「獅子身中《しししんちゅう》の虫」だったんじゃないですかねえ。

綾織　いきなり、事実関係の部分に入ってしまうのですが、一九三八年ぐらいから、「ユダヤ人を保護する」という、日本陸軍の決定がいちばん最初にありました。

杉原千畝　うん、うん、うん。

綾織　陸軍がそういう方針を出していて、その後、それは日本政府としての方針にもなりました。

ですから、「外務省の方針に反して」という部分については、いろいろな見方があるのですけれども、今、おっしゃった単純な図式ではないのかなという感じはいたします。

杉原千畝　まあ、「有色人種排斥《はいせき》政策」については、日本全体的には、そんなに賛成ではなかったんだろうとは思うけどね。ただ、戦争は、単独で戦いたくはなかったろうから。同盟国が必要だしね。

当時の日本人は「ドイツは強い。日本は有利だ」と思っていた

杉原千畝　映画に描かれてるのと違《ちが》っているのは、当時、日本人は「ドイツはもう少し強い」と思っていたからね。

綾織　はい。

杉原千畝　「ドイツの科学技術は、世界一」と思っていたんで、「ドイツには欧米《おうべい》も勝てないんじゃないか」と思っていたところもあった。
　ヨーロッパのほうをドイツが押《お》さえてしまえば、アメリカのほうは、「ドイツと戦い、さらに日本と戦う」ということで、「二正面《にしょうめん》作戦」になりますからね。「東海岸と西海岸の両方とも出撃《しゅつげき》して戦わなきゃいけなくなるので、音《ね》を上げるだろう」というぐらいの楽観性を持っていたんじゃないかと思います。

だから、「ドイツのほうが日本より先に降参《こうさん》してしまう」なんていうことは、ちょっと予想もしてなかった。電撃戦で、次々と勝利を収めていましたからね。ドイツが勝ち進んでいるのを見て、「ああ、これはいける」と思って、非常に石橋を叩いたつもりで、ドイツの勝ちを見越《みこ》して、「三国同盟」の下《もと》に開戦に踏《ふ》み切った状況《じょうきょう》だったんでね。

日本では、開戦のときに、山本五十六《やまもといそろく》司令長官を中心に、「負けるという読みが主流だった」ように、けっこう言われているけど、「負ける」とは思ってなかったた（苦笑）。「ドイツは強い」と思ってたんで。

例えば、フランスなんか、あっという間に占領《せんりょう》されましたしね。ポーランドもフランスもやられたし、もうあの辺の欧州一帯から、さらにはイギリスまで、風前《ふうぜん》の灯火《ともしび》でしたからねえ。「ドイツの勝利は、ほぼ確実」と思った。

それに、もし独ソ戦が始まったとしても、「ソ連の軍がヨーロッパのほうに釘付《くぎづ》けになるのであれば、シベリアのほうでも日本と開戦したいっていうのは無理だろう。軍隊全部をヨーロッパ戦線に投入しなきゃいけなくなるから、こちらの日本とは戦いたくないだろう」ということで、むしろ安全性は高まると見て、南方戦線で戦争をしてもいいと考えていたと思うんです。

映画で構想しているようなあれとは、少し違ってたんじゃないかなあと思う。たぶん、「もっと日本は有利な立場にある」と、当時の日本人は思っていた。

3 「私は三流外交官」と強調する杉原千畝

「ドイツのソ連侵攻《しんこう》」という情報をめぐる、諸国の動きを読む

綾織　一方で、映画のなかでは、外務省や日本軍が愚《おろ》かな感じで描かれていると思いますが、その映画自体の描き方については、どのように感じられましたか。

杉原千畝　うーん……。遠い外国にいると、なかなか本国との連絡《れんらく》も難しいしね。暗号を使ってやらなきゃいけないので、難しいし。

それに、私の（発信した）情報も解読はされていたから。結局は、日本の外務省宛《あ》てのものであっても、イギリスなどは、もう解読はしておったしね。だから、同盟国のドイツから見れば、イギリスが、「ドイツのソ連侵攻《しんこう》」っていう、日本の外

交官が発信したものを先に傍受《ぼうじゅ》して解読に入り、事前にその情報を得た場合、ソ連との間で、「スターリンとチャーチルが接近する」というのは、読めることは読めた。

その意味では、「知っててやったんじゃないか」という読みも、あったのかもしれないですけどねえ。

綾織　そのあたりの、ある意味での諜報員《ちょうほういん》というか、スパイ的な活動としては、非常に優秀《ゆうしゅう》な方だなというのを感じました。

生前の「人生」を振《ふ》り返って思うこと

綾織　また、外交官としても、そうした全体観を持ちながら、お仕事を……。

杉原千畝　さあ、全体観を持ってたかどうかは分からない。やっぱり、外交官としては、やや〝はぐれて〟いるのは、はぐれてるんで。

綾織　なるほど。

杉原千畝　まあ、早稲田《わせだ》の予科で、少し英語の勉強をしたけど、学費がなくて、親《おや》父《じ》に追い出されてというか、何か「医者になれ」とか、そんな要求があってね。収入はないから、タダで行けるところを探して（笑）、ハルビンまで行った。ハルビンっていうのは満州《まんしゅう》だね。あっちに行って、ロシア語を三年ぐらい勉強して、「モスクワに行きたい」っていう気持ちを強く持っていた者だったので、外交官としては一流かどうかは……。やっぱり、一流じゃないね。まあ、二流でもないね。三流外交官で……。

綾織　（苦笑）

杉原千畝　それで、そのあと、米ソの冷戦時代も、ソ連との貿易をやるような小さな商社で糊口《ここう》をしのいでいたような状態だから、人間として見たら〝三流〟だよ。だから、君らよりは下だな。

綾織　まあ、「人間として」というところまでは行かないと思いますけれども。

杉原千畝　君らより下で……。

綾織　いえいえ、とんでもないです。

杉原千畝　食っていければいいっていう。人生の後半は、もう、ただ食っていけりゃいいと。

そらあ、イスラエルからほめられたかもしらんけど、イスラエルもまた次の火種《ひだね》になったからね。イスラエルという国が建国されることで、アラブは、もう「永遠の火種」を抱《かか》えたからね。イスラエルという国が建国されることで、アラブは、もう「永遠の火種」を抱えたからね。二千年ぶりに大きな火種を抱えたんでなあ。いいかどうか、それも分からんところはありますがなあ。

「リトアニア領事館の開設」は特殊《とくしゅ》要員が行う諜報《ちょうほう》活動

綾織　外務省に対しては、疎外《そがい》されたという思い、あるいは、恨《うら》みのようなものを持たれているのでしょうか。どういうお気持ちなのでしょう。

杉原千畝　うーん……。いやあ、私らは、そういう特殊《とくしゅ》要員ですからねえ。リトアニアなんていうところへ行って、「領事館を開け」というようなこと自体が、もういつでも〝猫《ねこ》〟に食わせる〝ネズミ〟要員ですよ。「〝ネズミ〟として行って、諜報《ちょうほう》活動をせよ」ということでしょう？　だから、いつ殺されてもいい要員なんです。

だいたい、（そういう人は）いるんだ。外務省って、だいたいそういうもので、もう最初から、一等、二等、三等と分かれているんです。先ほど言ったように、アメリカ派とかドイツ派とか、そういうエリートは保護されていて、ノンエリートは、〝猫〟の前を通り過ぎなきゃいけない〝ネズミ〟のような役割で、「殺されるのは織り込《こ》み済み」みたいなかたちで、やっとったんでねえ。

まあ、いつスパイとして殺されるか分からないような情報はあるし、スパイ活動はやっていたので、「善悪、どっちだ」と言われたら、私だって、それは分からんことはありますよ。

戦後の「反戦的な考え方」を前提とした映画をどう見るか

綾織　あの世に還《かえ》られて、その後、ある意味での名誉《めいよ》回復というかたちになって、イスラエルからは表彰《ひょうしょう》され、日本でも、奥様《おくさま》の著作が発刊されて、「ユダヤ人をたくさん救った偉大《いだい》な人である」ということで、今回、映画にもなりました。

しかし、これは、逆に、「日本政府が悪かった」「外務省が悪かった」「日本軍が悪かった」という、戦後の反戦的な考え方を前提として言われていることでもあります。これ自体、ご本人としてはどう思われますか。

杉原千畝　いやあ、「私一人が目覚めており、すべての戦局を見通していて、ほかは全部、見通しが間違《まちが》っていた。一人だけ、目覚めた英雄《えいゆう》がいた」というような描き方は間違いだと思います。

綾織　あっ、そうですか。

杉原千畝　基本的に、それは間違いだと思いますよ。外交官にだって、いろいろな考えや見識を持っていた人はいたし、本当は、対米追随派《ついずいは》の人だっていましたからね。アメリカ留学をしていたような人たちのなかには、「アメリカと戦ったって勝てない」と言っていた人は、たくさんいたわけですから。

だから、彼らが間違ったわけではないけども、結局、それは国体全体の動きのなかで押《お》し切られていったものであって、外務省独自の判断とは、必ずしも言えないという問題はあるわね。

それから、先ほどお聞きした、「対米宣戦布告が遅《おく》れた云々《うんぬん》」についての、私は直接にタッチしていないので、「謀略《ぼうりゃく》だったかどうか」「杉原事件と関係があったかどうか」というようなことは、私には、よくは分かりません。

まあ、それに関係なく、「ユダヤ人のビザを無断発給した」ということ自体は、訓戒《くんかい》処分には十分に値《あたい》することだし、辞《や》める覚悟《かくご》でやっていたことも事実ではあるので、それについての不服は、自分としてはありません。

ただ、「日本人がユダヤ人に、それほど好意的だったかどうか」というと、微妙《びみょう》なところがありますね。「特に偏見《へんけん》は持ってはいなかった」とは思うんだけど。

確か、戦前の大正時代にも、いわゆる（ユダヤ人の）アインシュタイン博士なんかが日本に来られて、「神が日本という国をおつくりになったことは素晴《すば》らしい」というようなことをおっしゃっていたと思うので。

特に偏見があったわけでもなく、嫌《きら》いでもなければ、ぞっこん好きというわけでもないような感じの状態だっただろうとは思うんですけどね。

4 「ドイツとの同盟」と「人道主義」

「ドイツの民族政策」を日本政府はどう考えていたのか

綾織　映画では、あまりにも、「当時の日本政府側は悪だった」ということになってしまっているので、その事実関係は、実際のところどうだったのかを知りたいのですけれども。

杉原千畝　いやあ、あなた、それは〝三流外交官〟には無理ですよ。それを理解、説明しろっていうのは。

綾織　例えば、もちろん、「ビザを出して、六千人の方を救った」ということ自体は素晴《すば》らしいことだと思います。ただ一方で、外務省なり、日本政府なりの方針に完全に反していたら、日本側で受け入れるときに拒否《きょひ》できるわけですよね。

でも、日本側はそれを受け入れて、ユダヤ人は、神戸《こうべ》等いろいろなところに行っているのですが、歓迎《かんげい》されて、さまざまな援助《えんじょ》があるなど、ものすごく手厚く扱《あつか》われています。これを考えたときに、何か、「あまりにもギャップが大きすぎるな」という感じはするんです。

杉原千畝　今と違《ちが》ってね、当時の日本人はドイツ語が読める人が多かったわけよ。旧制高校でも哲学《てつがく》が流行《はや》ってたから、ドイツ語を読める人がわりに多かった。英語を読まなくなっても、ドイツ語は読んで意味が分かったからね。ドイツ語を読める人がすごく多かったので。

だから、「ドイツ人の民族政策は、黄色人種《おうしょくじんしゅ》に対しても危ないんじゃないか」っていう意見は内部にはあったので、政府として、それを理解していなかったとは言えないと思うんですね。

ただ、同盟が維持《いじ》できる範囲《はんい》内でなければいけないので、そのへんのごまかし方は難しかったと思う。

映画にもちょっと出てくるんですけれども、私がリトアニア領事代理だったとき、リトアニア領事館のなかにも、ジューイッシュ系のポーランド人スパイもいたし、ドイツ系の人で、実際はゲシュタポ、つまり、ヒットラーの秘密警察から送り込《こ》まれてきているような人がスパイで入っていた。その〝ヒットラーの秘密警察の人〞が、一生懸命《いっしょうけんめい》、ビザを発給するのを手伝ってくれていたという状況《じょうきょう》で……。

要するに、こちらの首には鈴《すず》の付いてる状況で、いつでも取れる状況ではあったので、まあ、知っていたと思います。もう「筒抜《つつぬ》け」だったと思うけれども、まだ決定的なところまでは行ってなかったからね。当時、「アウシュビッツ」までは、まだ行ってなかった。その前の段階だけど、ただ、迫害《はくがい》が始まったことは知っていた。

フランスのも知ってるでしょう？（ドイツは）フランスを、電撃戦《でんげきせん》であっという間に占領《せんりょう》してしまって、フランスからユダヤ系の人を逃《に》がすのにも、たいへんな苦労をしたよね。

あのとき、抵抗《ていこう》勢力としては教会だけがあって、教会がユダヤ人をかくまって逃がしていた。今、そういう映画もあると思いますけども、非常に大変だった。

これは、国としては、「白人のキリスト教徒同士の戦い」ですからね。非常に厳しいものなんですよ。よく分からないところがあるものなので。

「先の大戦における西側の勝利は、チャーチルの手柄《てがら》」

杉原千畝　まあ、人道主義っていうのが、それほど強かったかどうかは分かりませんけど、私は人間として、ドイツのやり方を見て、「確かに、科学技術的には優《すぐ》れているのかもしらんけど、プロパガンダに嘘《うそ》がある」っていうことは、よく感じていたのでね。嘘を言いながら、逆のことをやっていく占領政策みたいなことをやっていた。

例えば、「侵攻《しんこう》はポーランドで終わり」みたいなことを言ってみたり、「ソ連には、絶対に侵攻しない」と言いつつ、実はそれを狙《ねら》って準備していたりとかね。いろいろ嘘があるのはよく分かっていたので、「信用できるかなあ？　どうかなあ？」と見ていた。

私はソ連のほうに情報網《もう》はかなり持ってたから、ソ連の側からの見方もできたのでね。当然、ソ連は疑心暗鬼《ぎしんあんき》でいましたので、「対日本戦」「対ドイツ戦」が起きるかどうかっていうことは非常に大事でした。東ヨーロッパのほうを分け合うところについては、「ドイツと利害が共通する」というか、「自分の取り分が増える分にはよかった」んだけども。

まあ、「チャーチルの外交力が勝《まさ》った」と言うべきかもしれませんがね。

チャーチルが、ソ連と同盟を結び、ルーズベルト

『「忍耐の時代」の外交戦略 チャーチルの霊言』
（幸福の科学出版刊）

を戦争に引きずり込んだ。中立していたアメリカを戦争に引きずり込んだっていうことだから、まあ、基本的には、先の大戦の西側の勝利は、「チャーチルの手柄《てがら》」だと思いますね。つまり、チャーチルの外交の手柄で、ドイツも日本も敗れたんだと思います。

綾織　はい。

杉原千畝　アメリカの参戦がなかったら、たぶん、ドイツはイギリスを占領していたと思うし、ソ連が、ドイツと日本との両面攻撃を受けたときに耐《た》えられたかどうかは、ちょっと分からない。内陸部にもそうとうの（日本の）陸軍がいましたから、もし、それがシベリアのほうから攻《せ》めて、両方から攻められたら、それはけっこう危なかったのではないかなとは思うので。

いやあ、チャーチル一人ですね。やはり、チャーチルの外交戦略が勝っていたと言わざるをえないですね。
まあ、これは〝三流外交官〟の意見です。

綾織　いいえ。外務省の方で、エリートではない方で、そういう分析力《ぶんせきりょく》が高い方というのは、けっこういらっしゃいますが……。

杉原千畝　いや、いや。ヨーロッパに住んでたら、そのくらいのことは誰《だれ》だって分かるんですよ。

外交官を処分して逃《のが》れる日本政府の対応は、今も昔も同じ

釈　繰《く》り返しの確認になってしまうのですが、質問させていただきます。
日本で一般《いっぱん》的に知られている、いわゆる「杉原神話」としては、「外務省の方針に反し、燃えるような反発心、反感を持って、個人裁量でビザを発給した」という

●樋口季一郎（1888～1970）　陸軍軍人。最終階級は陸軍中将。1938年、ナチスの迫害から逃れようとしていたユダヤ人たちが、シベリア鉄道・オトポール駅で足止めされていたため、当時ハルピン陸軍特務機関長（少将）だった樋口は、彼らに給食や衣類を配給し、満州国内への入植斡旋等を行った。

ことになっています。

ただ、日本の政府も一九三八年に、「ユダヤ人を差別しない」という、「猶太人《ユダヤじん》対策要綱《ようこう》」というものを五相会議《ごしょう》で決定していたので、実際は、そういうことではなかったようです。

映画でも、関東軍がものすごくひどい描かれ方をしていますが、ユダヤ人を受け入れた人物としては、樋口季一郎《ひぐちきいちろう》少将などがいました。

杉原千畝　うん。はい、はい。

釈　樋口さんは、「彼らを救った」ということで、「ゴールデンブック」に載《の》っていますし、ほかにも、ユダヤ人の専門家で、安江仙弘大佐《やすえのりひろたいさ》など、関東軍のなかにもそうした方がいます。

そして、そもそも、開戦時の総理大臣であり、関東軍参謀長《さんぼうちょう》当時の東條英機《とうじょうひでき》中将

●安江仙弘（1888 ～ 1950）　陸軍軍人。最終階級は陸軍大佐。1935 年、日本民族とユダヤ民族間の親善実行団体として「世界民族文化協会」を創立し、満州のユダヤ人保護に尽力した。

も、ユダヤ人の保護ということに対しては、「ドイツの抗議を突《つ》っぱねた」という事実もありました。

このあたりについて、杉原さんはご存《ぞん》じでいらっしゃったのでしょうか。

杉原千畝　うーん……。まあ、それは、「今、言って」のことだから、何とも言えないですけど。まあ、いろいろな考えがありますからね。

おそらく、今でも、同じようなシチュエーションなら一緒《いっしょ》でしょう。外務省が公式に責任を取ること、あるいは、日本政府の公式な責任になるようなことは、できたら慎《つつし》みたいでしょうね。

日米同盟があるけれども、アメリカの利益に反する行動を外交官が取る場合、やはり、一外交官の処分をするんじゃないでしょうかね。どうでしょうかね。

例えば、「アメリカが空爆《くうばく》を決めて、どこそこを空爆している」というときに、「人道的な観点で、そこから難民を逃《に》がす」みたいなことをやったとして、今でも、

「外務省が公式に指示を出した」とか、「日本政府が、公式にそうしろと言った」とかいうことは、そう簡単に認めないいんじゃないですか？

やっぱり、「現地の外交官の独断、独走による……」とか言って、逃《のが》れるんじゃないですかね。

綾織　外務省としては、そうなのかもしれません。

東京裁判で、日本軍人の人道的行為《こうい》を有利に使えなかったのはなぜか

綾織　今回、せっかく杉原さんにお話をお伺《うかが》いできる機会を頂きましたので、考えたいこととしては、「杉原さんが、正義の人である」ということは世界に発信してよいと思うのですけれども、一方で、「当時の日本が貶《おとし》められてしまっている」というところです。

杉原千畝　うーん。

綾織　実際には、先ほどお名前が出た東條英機元首相も、関東軍にいたときに、「ユダヤ人たちを救う」という決断を、ご自身がされています。

杉原千畝　うん。

綾織　ですが、その後、彼はA級戦犯《せんぱん》で処刑《しょけい》されるということもありました。

さらに、一九三八年十二月の「五相会議」において、首相、蔵相《ぞうしょう》、外務大臣、陸相、海相で、ユダヤ人に対する保護の方針を打ち出したわけです（猶太人《ユダヤじん》対策要綱）。このときも、A級戦犯で処刑された板垣征四郎《いたがきせいしろう》陸相が、「ユダヤ人を差別しない。八紘一宇《はっこういちう》の国だから、そういう方針でやるのだ」ということを言っていました。

このように、A級戦犯になったような人たちが、率先《そっせん》してユダヤ人を救っていったという歴史的な事実があります。

杉原千畝　ただ、「戦後の極東《きょくとう》裁判（東京裁判）において、そういうことを日本政府が有利に使えていない」ということは事実ですね。政府として主張ができていないし、外務省としても、それを主張してない。ねえ？
　自分の権利を主張しない者の内容を、向こうから認めるっていうことはないであろうからね。

綾織　はい。

杉原千畝　まあ、軍事裁判っていうのは、最初から「結論ありき」だからね。その結論に導くための論理的な道をつくるものなので、それに邪魔《じゃま》になるよう

東京裁判で唯一、日本無罪の判定をしたパール判事の霊が激白した『されど、大東亜戦争の真実　インド・パール判事の霊言』（幸福の科学出版刊）

な論理は入れないようにするのが普通《ふつう》だから。

「そういう論理が排除《はいじょ》されたという裏には、何か取引があった」ということなんじゃないかなあと思いますがね。たぶん、それを出させないことによって、何かの引き換《か》え条件があったんでしょう。

それは、私には、もう「知らぬ存ぜぬ」の世界で〝雲の上の世界〟ですから。

綾織　うーん。

5 「命のビザ」を発給した杉原千畝の本心とは？

日本を代表する外交官の判断基準は「天皇陛下《へいか》の御心《おこころ》」

釈　もう一つお訊《き》きしたいと思います。終戦は一九四五年ですが、杉原さんはその前の年に、勲五等瑞宝章《くんごとうずいほうしょう》を受けているという記録が遺《のこ》っています。

杉原千畝　へええ。

釈　つまり、「戦中において、杉原さんが評価されていた」という歴史的な史実もあるようですけれども。

杉原千畝　「優秀《ゆうしゅう》な外交官」という噂《うわさ》は、あんまりなかったんですけれどもねえ。

釈　（苦笑）

杉原千畝　思いどおりいかなくて、飛ばされてばっかりでいたから、そんなに……。だから、もしかしたら、「優秀な外交官ではなくて、優秀な諜報《ちょうほう》活動をしていた」という面はあるのかもしれないですけど（笑）。

要するに、「猫《ねこ》に食われる前のネズミとして、よく猫の前を行ったり来たりした」ということですかねえ。

釈　でも、実際、今でも、福井《ふくい》県の敦賀港《つるがこう》は「人道の港《みなと》」といわれています。私もそこへ行ったのですが、昨年（二〇一四年）、七十数年ぶりに、「杉原さんのビザで助けられた」というユダヤ人の方が来られたりして、今でも非常に感動を呼んでいます。

杉原さんの人道的な行動の原点といいますか、「どうして、そういうことができたのか」という思想的な部分をお聞かせください。その思いは、どんなところから出てきているのでしょうか。

杉原千畝　うーん……。役所にはいろいろ考え方があるし、上司の命令に絶対服従ですので、なかなか自分の思想・信条だけで動けないところはあります。

ただ、外交官っていうのは、小さくとも、一国を代表しなきゃいけない場合もあるんです。日本の国を代表するに当たって、一つは、先ほどもちょっとご紹介《しょうかい》がありましたが、畏《おそ》れ多くも、天皇陛下《へいか》の御心《おこころ》を忖度《そんたく》して、「天

福井県敦賀市にある敦賀港には、1940～41年にかけて「命のビザ」を持ったユダヤ難民が数多く上陸。地元住民が真心からもてなしたことから、「人道の港」の呼称がついた。（右：ウラジオストクからユダヤ難民を乗せた船の一つである天草丸／左：杉原千畝の記念館「人道の港 敦賀ムゼウム」）

皇陛下だったら、どうされるだろうか」というようなこと、要するに、日本を代表する立場としては、そういうふうに考えねばならないかなと思います。

天皇陛下も、欧州《おうしゅう》情勢でドイツが勝《か》ってること自体は、「同盟国だから望ましいことであるけれども、悲惨《ひさん》ではあるな」という気持ちでおられたし、「この戦争が平和につながる戦争になればいいがなあ」と思っておられましたが、だんだん激しくなっていって、悲惨な結果になっていきましたので、悲しんでおられたと思う。

最後は、同盟関係にある国が、まあ、「イタリアは弱いし、ドイツは陥落《かんらく》するし」で、最後、日本が単独で、世界中を敵に回している状態になって孤立《こりつ》するとは、まさか思ってもみなかったという状況《じょうきょう》だとは思うんですよね。

天皇陛下が苦渋《くじゅう》の決断で開戦に踏《ふ》み切られた理由のなかには、「四海同胞《しかいどうほう》」を、まあ、「八紘一宇《はっこういちう》」というのは、今、悪い言葉としてしか使われないんだろうとは思うけどもね。これは、「記紀《きき》」のなかに書かれてる言葉でもあるし、そういう同胞たちを解放しようという気持ちがあったことは事実であるので。

中国共産党軍が戦後、国を乗っ取ったことで、今は、価値観が引っ繰《く》り返されてしまってはいるけれども、戦前の日本は、「防共」のためにやってたところも、けっこうあるし、ソ連の共産主義化も、日露《にちろ》戦争での敗北が原因であるところもあるので、日本は、その分も引き続いて責任を感じていたところもあるのでね。

ソ連の共産主義化が波及《はきゅう》するのを止める役割は必要だと思ったので、そういう意味で、満州国《まんしゅうこく》等についても、中国やソ連の共産主義化がワールドワイドにならないようにするために、楔《くさび》として打ち込《こ》んどく必要はあるなと思ってはいたんですけどね。

できたら、私のほうは本当は、モスクワのほうでもっと外交、諜報活動をやって、ソ連が寝返《ねがえ》って、対独・対日戦争のほうに入らないようにする方向で使ってもらいたかったんですけどね。それをかなり希望してたんですが。

だけど、〝変なこと〟で有名になったらしくて、つまり、〝悪さをする杉原〟ということで有名になったらしくて、リトアニアぐらいにしか行かせてもらえなかった（注。一九三七年、杉原は在モスクワ大使館に赴任《ふにん》する予定だったが、ソ連側が「杉原は反革命的な白系《はっけい》ロシア人と親交がある」と主張し、赴任を拒否《きょひ》した）。あとは、プラハだの、ルーマニアのブカレストだの、変なところをよく転々としていて。

もし、モスクワあたりで判断権がある外交官ができていたら、もう一段の調略ができたんじゃないかなあと、自分としては思ってるんですけどね。そのへんの使命が果たせなくて、ちょっと残念ですね。

だから、「東條英機《とうじょうひでき》首相のお心はどうだったか」みたいなことは、それは、神々の上《かみ》の上の方のお考えなので、私のような〝三流外交官〟では、とても判断はできないけども、まあ、天皇陛下の御心は、ある意味では、国民みんなが知っていたからね。

明治天皇の御心にも、そういうところがあったし、昭和天皇も、そういう御心は持っておられた。本当は、みんなの共存共栄を願っていらっしゃると思っていたので。「手段としての戦争はあるかもしれないけれども、最終的には、共存共栄の繁《はん》栄圏《えいけん》をつくりたい」という気持ちをお持ちで、「それでなければ、戦争は許さない」というお考えだと思っていたのでね。まあ、そんなところかな。

釈　よく分かりました。

宗教的真理としては「敵も味方もない」

磯野　今のお答えで、私がお聞きしたかった点が、かなり明らかになってきました。今回、私が映画を観《み》て感じたことは、いちばんのクライマックスの一つである、「なぜ、本省の命令に背《そむ》いてまでビザを発給したのか。なぜ、自分の外交官生命をかけてまで、そういう危険を冒《おか》したのか」というところに関して十分に描き切れていなかったということです。

映画で描かれていたのは、領事館の前に集まっているユダヤ人たちが、食べるものもなく、子供たちも、寒いなか凍《こご》えながら、夜もずっと待っている。そういった困っているユダヤ人たちの姿を見て、それを本当にかわいそうだと思って、「どうせ、領事館も、ソ連が侵攻《しんこう》してきたら閉鎖《へいさ》になる。だから、やろう」というように描かれていたと思うのです。

ただ、「本当に、一時の感情だけで、自分の外交官生命をかけてまでビザを発給するだろうか」というところが、映画を観てから、ずっと疑問に残っていました。

しかし、今のお答えからすると、もちろん、一個人としての心情というところもあったとは思うのですが、やはり、その奥《おく》には、「世界は、みな同胞で、平和であるように」という、昭和天皇の御心であったり、あるいは、「八紘一宇」の日本的精神があったのだなと、腑《ふ》に落ちるものがありました。

杉原千畝　うん、うん、うん。まあ、難しいところはあるんですけどね。

もちろん、キリスト教精神のところもね。ロシア正教で祈《いの》るぐらいのことはしていた者として、キリスト教がユダヤ教と反目《はんもく》状態にあることは知ってはいる。歴史的にはそうではあるけども、イエスもユダヤ人であったしね。

また、イエスの教えそのものを見るかぎりは、「右の頬《ほお》を打たれたら、左の頬をも差し出せ」でしたか？ それとか、「一里《いちり》行けと言われれば、二里行け」とか、「下着を取ろうとする者には、上着《うわぎ》も与《あた》えよ」とか、「汝《なんじ》の敵を許し、汝を迫害《はくがい》する者のために祈れ」とかいうことを言っている。

まあ、政治的には、「敵・味方理論」っていうのはあるんだろうと思う。軍事同盟的に考えれば、「敵の敵は味方」だし、そういう「敵か味方か」っていう色分けは、はっきりあるんだとは思う。

だけど、それを超《こ》えて、宗教的真理としては、「敵も味方もない」というか……。

政治的な立場によって、上が判断することで、敵・味方の色分けがされることはあるかもしれないけども、そのなかに生きている人々にとっては、何の責任もないことであるのでね。

「民主主義政治で動く」みたいなのとはちょっと違《ちが》った、大きな力学というか、津波《つなみ》のような力が働いて、国際政治に圧力が加わって、変えられないものがあるっていうのかなあ。まあ、外交官なんかをやっていて、そういうものは感じました。その〝渦巻《うずま》き〟というか、〝津波〟に巻き込まれた人々はね、ユダヤ人であろうと、日本人であろうと、ある意味では、みんな〝難民〟ですよ。

だから、（ドイツからの）侵攻を受けて傷つけられたソ連の人たちも難民みたいなものだったし、逆に、ソ連の逆襲《ぎゃくしゅう》を受けて陥落するベルリンの人たちだって、もう、アウシュビッツとそんなに変わらない状況ですよ。ヒットラー自身が自殺しなきゃいけないところまで行くんですから。（ドイツ市民は）皆殺《みなごろ》しですよ、占領《せんりょう》軍にね。まったくの皆殺しですので。

6　ヒットラーのユダヤ人迫害《はくがい》の真意とは？

常に「後世の歴史家からどう見えるか」という視点を持つ

杉原千畝　それから、私が逃《に》がしたユダヤ人のなかに、原爆《げんばく》をつくった人がいて、広島・長崎《ながさき》に落とされたのに関係があるらしいということも聞きましたので、「私の罪は重いかなあ」と思ったところもありました。「ユダヤ人の科学者を逃がしたことが、もしかしたら日本の敗北につながったのかもしれない」という部分では、自分を少し許せない面もあったんでね。

やっぱり、民《たみ》のレベルでは憎《にく》しみ合うべきではないと思いますよ。だけど、「国家の利害」という意味では、敵になったり、味方になったりすることはあるし、ライバルになることもあるのでね。それは、しかるべき外交戦略や、あるいは軍事戦略、その他、いろんな経済戦略等で対抗《たいこう》するべきものがあるんだろうとは思うけど、まあ、狭間《はざま》にある国民はみんな大変ですよ。

特に、ユダヤみたいな小さな国を失った者たちの居場所はさまざまで、ドイツ生まれや、ポーランド生まれもいるけれども、「ユダヤ人だというだけで殺される」なんていうんじゃ、それはたまったもんじゃない。彼らは祖国を知らない人たちですけど、自分たちの選択《せんたく》でそうなったわけじゃないんでね。

どうしても「国家 対 国家」の衝突《しょうとつ》は起きるんだろうとは思うけれども、やっぱり、戦争後のことを常に考えておかなきゃいけないいんじゃないかな。いつか戦争は終わるので、「終わったあと、後世の歴史家から見て、どう見えるか」という視点はいつも持っているべきだとは思っています。

私は本当に〝三流外交官〟ですので、もうできることはほんの限られたことで、ささやかだけども……。まあ、ドイツの秘密警察の人が秘書で入ってるぐらいですから（笑）、全部丸見えというか、見えてはいるけど、「日本の外交官を殺してまで、その国策を日本に押《お》しつけることはしないだろう」とは思っていたし、彼のほうも、気持ちとしては分かっていた。国がやってるから、それはしかたがないけど、下の人たちみんなが賛同してたわけではないんでね。

「反ユダヤ感情」で欧米《おうべい》を取り込《こ》もうとしたヒットラー

杉原千畝　おそらく、ヒットラーも敵をつくることによって、「国の結束力」を高めようとしてて、そういう意味で（ユダヤ人は）利用されたんだろうから。片や「共産主義」に対抗し、片や「ユダヤ人」を敵視することで、アーリア民族の優位を唱《とな》えることもあったわけで。

あと、これは『聖書《せいしょ》』に基《もと》づいたところもある。実際、イエスが裁かれて、ゴルゴタの丘《おか》で処刑《しょけい》されるまでの間に、ローマ人のほうは、判定するのを嫌《いや》がっていたね。どちらかというと、ローマの支配者のほうは、イエスに好意的な判断をしていて逃がしてやろうとしてたのにもかかわらず、ユダヤ人自《みずか》らが、「強盗《ごうとう》殺人をやった人間と、イエスと、どっちを許すか」と言われて……。まあ、「恩赦《おんしゃ》の日」というか、「祝祭日には、恩赦してもいい」というのがあったんでね。

そういうふうに、選択肢《し》まで委《ゆだ》ねたにもかかわらず、ユダヤ人自身の多数派が、「強盗殺人をしたほうを許して、イエスのほうを処刑せよ。その血の呪《のろ》いは自分たちや、子孫《しそん》にかかっても構わない」というように言ったことが、『聖書』に削《けず》られずに残ってますからね。「それが二千年後に成就《じょうじゅ》した」といえば、そのとおりではあるんで、まあ、「なんて愚《おろ》かなことを」という気持ちもあるんですけどね。

要するに、「ユダヤ人の生んだ英雄《えいゆう》としてイエスを遇《ぐう》することもできたであろうに、ユダヤ教の〝旧《ふる》い〟律法体制を守るために、〝新しい〟イエスのほうを排除《はいじょ》した」、あるいは、逆に言えば、「ローマに打ち勝つまでの強さを持たなかったイエスを、メシアとしては認めなかった」ということでしょう。

その〝血の呪い〟が、イエス処刑から四十年後に国を失い、千九百年間、世界をディアスポラ（離散《りさん》して故郷以外の地に住むこと）ですね、流浪《るろう》するユダヤの民となった。もう、千九百年っていうのは長いですよ。「千九百年間、国がなくても、ユダヤ人の意識を持ち続ける」というのは実に大変なことですが、実際に、旧い教えのユダヤ教を信じる人がいろんな国にいっぱい住んでるわけですよね。

だけど、「ユダヤ教を信じてるから、ユダヤ人だ」ということで、国はバラバラになって世界中に広がりながら住んで、千九百年後に、また、第二次大戦を契機《けいき》にして国が再建されるんでしょう？

まあ、ある意味で、ヒットラーは『聖書』に基づいて、イエスがしたかったであろう〝復讐《ふくしゅう》〟を、あるいは、当時のペテロたちがやりたかったであろう、イエスを迫害《はくがい》したユダヤ人に対する〝復讐〟を、彼は演じてみせたというか、それを利用したところもある。

「反ユダヤ感情」自体は欧米《おうべい》全体にあったので、ヒットラーはたぶん、反ユダヤ感情を使った。ユダヤ人は少ないですし、金持ちで、いやらしくて、嘘《うそ》つきで、そして国を持たない嫌《きら》われ者だったんですから。中世のシェークスピアのころから、読めばそのとおりですよね。
ですから、たぶん、ヒットラーは反ユダヤ感情でもって、実は欧米のほうを取り込《こ》もうとしたんだと思うんですよ。本当は、ユダヤ人迫害だけが目的ではなかったと思う。「反ユダヤ感情で、取り込めるんじゃないか。欧米を一つにまとめられるんじゃないか」と考えたんだと思う、戦略的にはね。

釈　「政治的な目的があって」ということですね。

杉原千畝　ええ。政治的にはね。そういう目的があったし、それには、『聖書』的な根拠《こんきょ》も実際にはあったことはあった。
それから、ノストラダムスの予言を、彼らは使ってましたから。ノストラダムスの予言で、「ヒットラーが鉤十字《かぎじゅうじ》を掲《かか》げて、ヨーロッパを席巻《せっけん》する」と読めるようなものがあったですからね。それをプロパガンダで、ビラをつくって空中からフランスに撒《ま》いたりしました。
まあ、戦争の前の外交戦でもそうですけども、そういうPR合戦というか、「正当性をどう立てるか」っていうのは、極《きわ》めて大きなものがあったからね。

釈　大国同士の間に立つ外交官としての、非常に透徹《とうてつ》した眼を感じるのですが、それだけでなく、人間としての優《やさ》しさというか、愛というか、そういうものが伝わってきて本当に感銘《かんめい》を受けます。
やはり、杉原さんは、キリスト教とも非常にご縁《えん》が深い魂《たましい》でいらっしゃるんでしょうか。

杉原千畝　まあ……、ないとは言えないねえ。うん、それはあるだろうねえ、うーん。

7　杉原千畝は大東亜《だいとうあ》戦争の正義をどう見るか

ヒットラーは「狂信《きょうしん》的なキリスト教徒」だったのか

磯野　今回のご演題が、「杉原千畝に聞く　日本外交の正義論」ということで、「正義論」という言葉がついていますので、一点、どうしてもお伺《うかが》いしたい点がございます。

杉原千畝　うーん。

磯野　今年（二〇一五年）は、戦後七十年ということで、幸福の科学、また幸福実現党として、私たちは、戦後の史観、特に、「大東亜《だいとうあ》戦争をどう見るか」について、大川総裁から頂いているさまざまな御法話《ごほうわ》や霊言《れいげん》等を中心に、「真実の歴史観とは何か」を問う活動を、この一年間、重ねて参りました。

それに関連して、ぜひ、お伺いしたいのですが、杉原千畝さんからご覧になって、先の「大東亜戦争」というものは、どのように見えていたのでしょうか。

人種差別をなくすために戦った日本が、力足らずで英米を中心とする連合国に負けましたけれども、実はその連合国側のほうが、黒人やユダヤ人、あるいはアジア人たちに対する人種差別を推《お》し進めてきたのが歴史的事実です。そういう意味で、後世の私《わたくし》どもの目から見れば、やはり、正義は日本にあったのではないかと考えるところはあります。

「大東亜戦争」をどうご覧になっているか。お聞かせいただければと思います。

杉原千畝　まあ、先ほど言ったヒットラーは、ある意味では『聖書《せいしょ》』に則《のっと》って、あるいは「聖書学」に則って、ユダヤ人の罪を告発し、「まだ、その処分が十分に終わっていない。キリストの〝復讐《ふくしゅう》〟の部分が終わっていない」ということを「錦《にしき》の御旗《みはた》」にして、ユダヤ人を「悪」としました。だから、「本当は、キリスト教が立ち上がったときに、ユダヤ教は滅《ほろ》びるべきだった」と考えていたのだと思うんです。

だから、彼が宗教的ではないとは必ずしも言えない面があって、ある意味では、「すごく狂信的《きょうしん》なキリスト教徒だったのかもしれない」という意見はあるのです。

欧米《おうべい》の植民地主義に対する、〝神様のパンチ〟が日本だった

杉原千畝　一方、日本の場合は、キリスト教国が中世以降、帝国《ていこく》主義的に植民地主義を掲《かか》げて、アフリカ・アジアをずーっと占領《せんりょう》してきた歴史に対して、新たな角度から鉄槌《てっつい》を下《くだ》した感じだと思うんでね。

ただ、これはユダヤ教に則って鉄槌を下すわけにもいかず、『新約聖書』に基《もと》づ

ヒットラーの霊言が収録された『国家社会主義とは何か』（幸福の科学出版刊）

いて、キリスト教でもってキリスト教帝国主義を〝ノックアウト〟することも不可能ですよね。

また、儒教《じゅきょう》では外交についての知識がないし、ヒンズー教でもって戦うのは、やっぱりかなり難しい。

あとは、イスラム教っていうのが一つあって、イスラム教はキリスト教と戦っていたとは思いますけれども、イスラム教徒は、日本にはかなり少なかったですから、知らない人も多かったわけです。まあ、イスラム教だったら、古代日本と同じ政教一致《いっち》型ではありますけどもね。

やっぱり、五百年ぐらいの欧米《おうべい》・キリスト教国の帝国主義に対しては、どこかから〝神様のパンチ〟が飛んでこなければいけなかったんではないかなという気持ちは、私も持っています。それは、誰《だれ》かがどこかで止《と》めなきゃいけない問題だったのではないかなと。

でも、アフリカで止めることができなかった。中東で止められなかった。インドで止められなかった。中国で止められなかった。それで、最後は日本だよね。「中国を破り、ロシアを破った日本が立ちはだかった。そして、英・米・仏・ソと戦って、敗れた」というかたちにはなったわけだけど。

確かに、大東亜共栄圏《だいとうあきょうえいけん》の考え方は、映画（「杉原千畝 スギハラチウネ」）とかでは、「全部バカバカしい」という感じで見ていたように描かれているかもしれないけれども、必ずしも、「全部そうだ」というふうに思っていたわけではありません。

まあ、私はスペシャリストで、外交官としては非常に狭《せま》い範囲《はんい》でしかものが見えない人間だから、大きなことを言うことはできませんけれども、中国に勝ち、ロシアに勝った日本の国際的発言権として、「次の覇権《はけん》戦争では、アメリカが出てくるだろう」とは思っていました。

ただ、（日本が）アメリカに勝つのは、かなり至難《しなん》だし、国力的に十倍以上の差があると見えていたので、やっぱり、ドイツがそうとう強くなかったら、勝ち目はないと思っていました。

「ドイツの敗北」をどこで見抜《みぬ》いたのか

杉原千畝　まあ、「ドイツの敗北をどこで見抜《みぬ》くか」っていうところはあったと思うんですけどねえ。それを見抜くのはちょっと難しかったのが現実だけど。

ただ、ヒットラーの人間性そのものは、ある程度読めた。彼らは矛盾《むじゅん》することを、いつも国民に約束していたからね。今で言えば、「ポピュリズム」という言葉に当たるのかもしれないけれども、すべての階層の人たちに、都合《つごう》のいいことを言っていましたよね。

例えば、農家に対しては、「小麦粉を高く買い付ける」と言い、消費者に対しては、「安いパンを食べさせてやる」と言うみたいな感じの、どれも票になるようなことを言いつつ、現実不可能なことをやっていましたから。

それで、そのツケがどこに来たかっていうと、結局、「外国のものを奪う」というところですよね？　外国を侵略《しんりゃく》して富を奪《うば》うことで、最後、ツケを払《はら》うということでしょう? だから、その考え方のなかには、ツケを全部外国に回そうとしているところがあったのかなあと。

それから、(ドイツが) やってること自体は、非人道的な面が出てきてはいたので。強い国はそういうところがあるんだろうけれども、「(日本は) こんな国 (ドイツ) と最後まで心中《しんじゅう》していいのか。余計、憎《にく》まれるんじゃないか」という気持ちはありましたね。

当時、「アメリカに負けない」と思っていた日本人が多かった理由

綾織 「大東亜共栄圏には一定の大義があった」ということですけれども、一方で、日本が敗戦してしまったがために、例えば、「日本軍は残虐《ざんぎゃく》な軍隊である。日本は非人道的なことをする国なんだ」ということになっています。その意味で、杉原さんとの対比がなされている状態があるわけです。

杉原さんは、先ほど、「天皇陛下《へいか》の御心《おこころ》を忖度《そんたく》して、行動しました」ということ

だったのですが、実際に、そういう人たちが日本軍のなかにもたくさんいたと思いますし、人道的な精神をもって行動した人というのは、杉原さんだけではなかったと思うのです。

その点については、どのように思われますか。

杉原千畝　いやあ、難しい。戦争になりますと、本当に難しいので。

ただ、アメリカのほうだって、「日本と戦うべきではない」と言っている人たちはいたわけです。戦中のアメリカの国務次官で、日本の外務次官に当たる方なんかも親日派で、日本大使もやった方ではないかと思いますけれども、「日本と戦うべきではない。日本人と殺し合ってはいけない」ということをずっと言っていました。

でも、ルーズベルト大統領が開戦を決めたら、向こう（アメリカ）の国務省のトップぐらいでは、止められやしないということで、やっぱり、上が決めたものは止められなかったですからねえ。

それから、日本のほうも、山本五十六《やまもといそろく》大将なんかもアメリカに留学していたし、「これは勝ち目のない戦いだ」ということを見ていたところもあったと思うんです。そういうふうに、こういう戦争のなかには、分かっていた人がいても止められないものがあるんでね。

それは、われわれが知らないような、〝津波《つなみ》〟の力みたいなものかなあ。〝地震《じしん》〟を起こす側は〝地震〟のことしか考えてないんだけど、「その結果、津波が起きて、それが何百キロも渡《わた》ってきて海岸を襲《おそ》い、大勢の人々が村や町ごと流されて死ぬ」というところまでは考えないので。

やはり、〝地震〟を起こすことばかりを考えている人は、政治の中枢《ちゅうすう》部にいるのでね。その被害《ひがい》のところまでは考えが及《およ》んでいなかったということだし。

まあ、日清《にっしん》・日露《にちろ》（戦争）では、当時、「国力的に見れば、中国（清《しん》）もロシアも日本の十倍はある」と言われていたのに、（日本が）勝ってるからね。

それで、先の大戦でも、日本のなかには、「アメリカ（の国力）が十倍だって、何するものぞ」っていう気持ちはあったし、ましてや、見方として、「（同盟国の）イタリアはそんなに頼《たよ》りがいがある国ではないけれども、少なくとも、ドイツはそんなことはない。科学技術的にはアメリカを凌駕《りょうが》している」という感じはあったからね。

だから、「日本だけでも神風《かみかぜ》を起こせるのに、最強のドイツと組んだ以上、負けないだろう」と思っていた人が多かったのは事実だろうね。

「占領《せんりょう》されて国がなくなったら、日本人はユダヤ人と同じようになる」

杉原千畝　まあ、全部、「結果論」なので。

今は、ドイツも七十年間、苦しんできてるからね。本当はＥＵの中心にならねばならない存在なのに、かつてのヒットラーのイメージがあるから、ＥＵでも、「ドイツに全権を握《にぎ》られたくない」っていうふうになってるようだからね。

だから、日本でもそうでしょう？　太平洋のなかで、本当は日本が中心にならねばならないのに、アメリカは戦勝国でもあるから、アジア系のサミットには必ず口を出してくることになるしねえ。

また、ソ連とアメリカの冷戦も終わって、次は中国が出てきている。中国がどうなるかが、次の大きな読みなんだろうけど。「（中国は）アメリカと戦うのか、あるいは、日米で（中国と）戦うのか」という、この読みは難しいわね。これを、どう読むか。

向こう（中国）の国民もこちら（日本）の国民も、その結果、被害を受けるからね。

だから、命令を受ければ向こうだって、千隻《せき》ぐらいの漁船を出して、尖閣《せんかく》付近をウロウロしたり、沖縄《おきなわ》のあたりでデモンストレーション（示威《じい》運動）ぐらいはするだろうと思うけど、そういう人たちは深い考えを持っていないからね。上が何を考えるかによるから。

ただ、「（中国が）フィリピンやベトナムと戦うんだったら、日本はフィリピンやベトナムのために中国と戦うのか」ということになると、先の大戦のことは本当に価値観がクルーッと引っ繰《く》り返ってしまいますよね。「マッカーサーとの戦いはいったい何だったんだ？」ということになりますよ。

（先の大戦で）マッカーサーは「中国を救う戦い」をしたわけだけど、その中国とベトナム戦争で戦ったし、朝鮮《ちょうせん》戦争でも戦ってるし、その次は中国本体とアメリカが本当に戦わなきゃいけなくて。

でも、（アメリカが）アジアの国と一緒《いっしょ》になって（中国と）戦わなきゃいけないんだったら、「いったい、先の戦争は何だったんだ？」ということは起きてくるわね。そういうふうに、価値観っていうのはとても難しい。だけど、いつも、最終的に勝った国が世界史を書いてきたのでね。

まあ、これについては難しいわな。日本も国力相応に考えねばならないところもあるかね。

いずれにしても、（戦争によって）民《たみ》は被害を受けますので。

釈　そうですよね。

杉原千畝　日本人っていうのは、ユダヤ人と同じところがあって、小さな国家なので、占領《せんりょう》されて国がなくなった場合、逃《に》げるところがないのは一緒です。やはり、世界中で日本語は通じないですのでね。国がなくなったら、ディアスポラ（離散《りさん》して故郷以外の地に住むこと）をやったり、難民になったりして、二千年、国がないような状況《じょうきょう》が続いたら、大変なことになる。

だから、日本から逃げるところはないですよ。それを、よくよく考えなければいけないね。

綾織　そういう可能性が、天上界《てんじょうかい》から見えてきているのでしょうか。

杉原千畝　いや、私みたいな〝三流外交官〟に、それは無理だって言ってるでしょう？　もうちょっと偉《えら》い人に訊《き》いてもらわないと。

綾織　いえ、情報分析《ぶんせき》官として、極《きわ》めて優秀《ゆうしゅう》な方だと思います。

8　杉原千畝に今後の日本外交を訊《き》く

米中の戦いが起きれば、日本だけが焦土《しょうど》と化す可能性がある

杉原千畝　うーん、中国ねえ……。まあ、上手に立ち回らないと、アメリカが中国と戦うにしても、「主戦場は日本にする」とか、「元《げん》が日本を攻《せ》めたときの高麗軍《こうらいぐん》」みたいに、「日本の自衛隊を国防軍にして、これを主力部隊として、まずはぶつける」みたいなことをされたんではたまらないので。

このへんは、外交官としては、やっぱり、よく考えないといけないとは思うんですけどね。

綾織　うーん。

杉原千畝　だから、〝ちょっとは頭が悪いぐらいがいい〟んじゃないですか。のろくて、アメリカが動いたあとに、ノソノソと〝カタツムリ〟のようについてくるならいいけども。あんまり俊敏《しゅんびん》すぎて、先兵《せんぺい》となって先を攻めていくような、〝一番槍《やり》〟みたいなことをしたがるようになったら、これはちょっと被害《ひがい》が大きすぎるし、国土が焦土《しょうど》と化す可能性もありますからね。

綾織　確かに、アメリカはすでに、グアムなりハワイなりに退《ひ》いていきつつありますので、日本の自衛隊が前面に立って戦うことになります。

杉原千畝　だから、「日本を舞台《ぶたい》にして、アメリカと中国との戦いの勝敗を決する」みたいなことをやられたら、アメリカは無被害で、日本だけが焦土と化す。勝ったか負けたかを、この土俵《どひょう》で決められるとなったら、たまったもんじゃない。

中国は焦土にはならないでしょう、おそらくね。

綾織　うーん。

杉原千畝　日本が焦土になるかどうかの戦いになりますからねえ。これは厳しいですね。

綾織　もし今、外交官の立場だったら、どのような手を打っていかれますか。

杉原千畝　いや、本当はスクリューを付けて、国ごとどっかへ移動したいぐらいですね。

綾織　（笑）

杉原千畝　国ごと移動して、できるだけハワイ寄りに逃《に》げておきたいぐらいの気持ち。この場所だったら、ちょっと逃げ切れない可能性がありますね。危ないです、とっても。

中国からの侵略《しんりゃく》に備えるためにも、友好な日露《にちろ》関係づくりを

磯野　ロシア、当時はソ連でしたけれども、ご生前、杉原さんはロシアのエキスパートでいらっしゃいましたので、今後の日露《にちろ》関係について、何かご提言がございましたらお願いいたします。

杉原千畝　うーん。やっぱり、少なくともシベリア地区あたりとは友好関係をもっと進めて、日本と行き来ができる状態ぐらいにはしておいてもいいんじゃないかとは思いますね。それは、今言ったように、「逃げ場」を確保する意味でもね。

アメリカは、ちょっと遠い。もしかしたら逃げられないかもしれないので、万一《まんいつ》、日本難民が出る場合、シベリアあたりで保護してくれるぐらいの関係は築いておいたほうがいいと思う。

これは、単に領土問題だけ、四島の同時返還《へんかん》の問題だけに絞《しぼ》るのは、やや狭《せま》きに失するんじゃないかと。それよりも、やっぱり、日本人の生き延びもかかっているので。

万一の場合、沖縄《おきなわ》から九州、西日本のほうは、かなり攻め取られる可能性がありますので、東日本だけでも逃げなければいけない。東京から上は、まだ逃げられる可能性があるから、シベリア方面で、「中国が西のほうから攻めてきた場合には、日本人を保護してくれる」というぐらいの経済交流をつくって、日本人が住めるようなものも先につくっておいたほうがいいと思う。

アメリカまでは逃げていけない。船と飛行機じゃ、ちょっと逃げられない可能性が……。たぶん、金持ちしか逃げられないね。だから、危ない。

中国が来るときは、すごい短時間で来ると思われるので。短時間で、二千機ぐらいの航空機が、バアーッと日本領土の上を飛んできて、艦船《かんせん》が何千隻《せき》と出てくる。漁船も含《ふく》めて何千隻という艦船と、すごい数の飛行機が来て、いっぱい上陸してくると思います。

上陸地点は、沖縄なんかは当然ですけど、たぶん、九州、それから中国地方あたりを中心に上陸してきて、大阪《おおさか》あたりまで攻め取りに来ると思われます。だから、東京から上は、第一判断で「これは逃げるべし」と思えば、まだ逃げられる可能性はありますので。

うーん、まあ、アメリカまで逃げるのは、ちょっと難しい。

「難民の時代」が到来《とうらい》したとき、日本はどうなるのか

綾織　シリアの情勢も、「一千万人以上の難民」というように見られているわけですけれども、これからは、アジアでも中東でも、ある意味、本当に難民の時代にな

るのでしょうか。

杉原千畝　難民ですよ。難民の時代。もし、そうならない前哨戦《ぜんしょうせん》で、〝朝鮮戦争《ちょうせんせんそう》〟をもう一回やられたとしても、北朝鮮、それから韓国《かんこく》の難民が日本に押《お》し寄せてきたら、これまた、日本政府は大変であろうと思いますがね。

綾織　はい。

杉原千畝　もう、日本からあと、（他の国へ）行くのは非常に難しいからねえ。アメリカも、今、ドナルド・トランプさんとかが、難民、アラブ人の受け入れ拒《きょ》否《ひ》の方向に動いているようなので、強硬《きょうこう》派が強ければ、そうなるな。「テロリストの容疑者になるような人たちは、もう入《い》れない」っていうのはそうだし、日本は今も、難民は入れないですよね?

だから、「この難民を入れない日本を、日本人を、難民として受け入れてくれるかどうか」っていうのは、これはまた、次に難しい問題で。「イスラエルが受けてくれるか」というと、イスラエルに逃げられる人は、まあ、ほとんどいないですよ(笑)。

綾織　うーん……。

杉原千畝　数人ぐらいは逃げられるかもしらんけど、日本からイスラエルに亡命するなんて、かなりしんどい話ですねえ。現実問題としてはね。

9　外交官の目で見た「南京大虐殺《ナンキンだいぎゃくさつ》」の真偽《しんぎ》

「日本の名誉《めいよ》回復のために私を使ってくれるのはありがたい」

釈　実は、来年、「杉原リスト――1940年、杉原千畝が避難民《ひなんみん》救済のため人道主義・博愛精神に基《もと》づき大量発給した日本通過ビザ発給の記録」というものを、「ユネスコ世界記憶《きおく》遺産」に申請《しんせい》することを、日本政府が決めておりまして、そういう意味では、これから、「日本の誇《ほこ》り」というかたちで打ち出していくようなのです。

その反面、今年の十月には、中国から申請された「南京大虐殺《ナンキンだいぎゃくさつ》」に関する資料が、残念ながら「ユネスコ

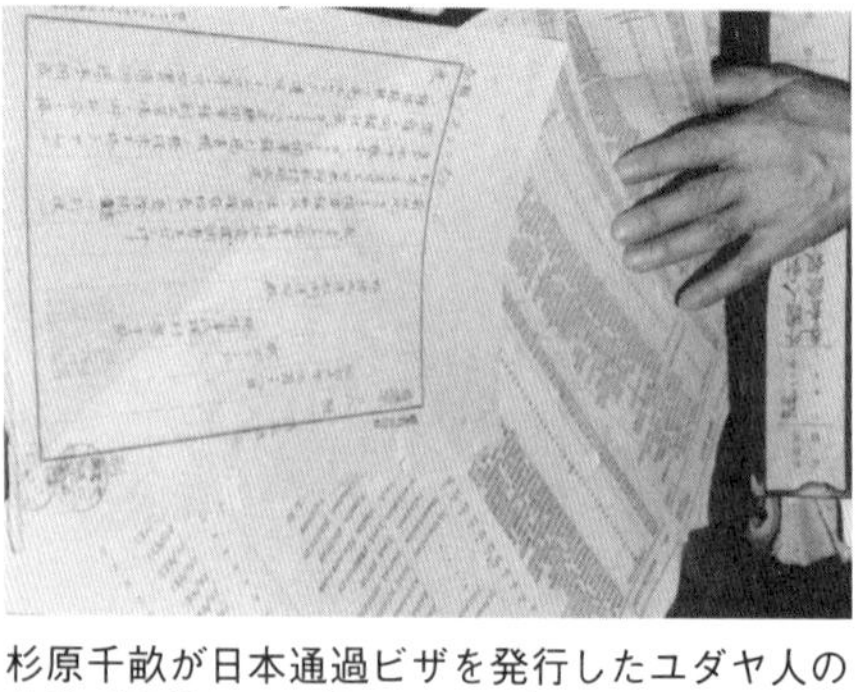

杉原千畝が日本通過ビザを発行したユダヤ人の名前が記載された「杉原リスト」と、外務大臣宛送付報告書。

世界記憶遺産」に登録されてしまいました。昔の外交、戦時中の外交をめぐって、記憶遺産を舞台《ぶたい》に、〝ユネスコ戦争〟が起こっているような状況《じょうきょう》になっています。

杉原千畝　ああ……。

釈　もしかしたら、これには、情報戦としての意味合いが含《ふく》まれてくるところもあるのかもしれないのですが、このあたりについては、どう見ておられますでしょうか。

杉原千畝　少なくとも、その「南京大虐殺」にこだわってる理由は、やはり、「日本を、ヒットラー政権下のユダヤ人虐殺《ぎゃくさつ》と二重合わせにして、先の大戦を合理化したい」っていう方々の考えによるものだろうと思うので。まあ、先の戦勝国になった国々は、基本的には、そうしたいという気持ちを持っているだろうとは思うんですね。

その意味で、国の名誉《めいよ》を回復するために私の活動等を使ってくださるのは構わないとは思っています。ありがたいことです。

ただ、日本の名誉を回復するために私の活動を使ってくださることはありがたいが、私個人の名誉のための活動は希望していません。私個人は、本当にたまたま、はぐれ外交官として衝動《しょうどう》的に行《おこな》ったことだろうと思いますので、私個人の名誉のためにはやってほしくない。

ただ、日本の名誉のためにお使いになるんだったら、それは、やっていただいても構わないというふうには思っています。


「日本は『大義なき虐殺《ぎゃくさつ》』をするような国ではなかった」

杉原千畝　付け足して言うとすれば、「南京大虐殺《だいぎゃくさつ》があったと見ているか、いないか」ということに関しましては、もちろん、人が一人も死んでないということはありえないと思いますし、中国人の立場に立てば、「満州国擁立《まんしゅうこくようりつ》」あたりも面白《おもしろ》くなかったのかもしれません。また、それを超《こ》えて、日本軍が中国本土を南まで攻《せ》め込《こ》んできたっていうのは、確かに、国としての危機ではあったのだろうから、それに対して、日本を悪魔《あくま》呼ばわりしたくなるというような気持ちは、分からないでもありません。戦争では人が死にますし、当然、民間人が巻き込まれることもあるだろうと思います。

ただ、「日本人が、面白半分に中国人を何十万人も虐殺した」「大義なき虐殺をした」ということが事実かどうかと問われたら、それを、一外交官として情勢判断するなら、「そういうことをする国ではなかった」ということは明らかで、はっきり言います。

日本人は、戦争をするに当たっても、「軍隊 対 軍隊の戦い」ということが、もうはっきりしていたので。

戦艦《せんかん》や空母を使っての戦いもやりましたし、敵の艦船との戦いはやりましたが、民間人攻撃《こうげき》は基本的にはやってないし、民間の輸送船なんか襲《おそ》ってもないし、パールハーバーを攻めても、やっぱり、民間施設《しせつ》、民間人は襲ってない。まあ、「石油タンクさえ攻撃しなかった」という考え方から見ると、本当に、何て言うか、「やあやあ、われこそは」と名乗りを上げる、武人《ぶじん》同士の戦いみたいなのにこだわっていたところがある。「戦艦や空母の戦いで勝敗を決する」という気持ちが強かったんだと思うので。

まあ、「死んでない」ということはないよ。中国の軍人も民間人も死んでるとは思うし、それは戦争の過程で起きてるかもしれないけれども、「二十万とか三十万とかいう数を、意図的に、原爆《げんばく》並みの威力《いりょく》でもって皆殺《みなごろ》しにした」っていうことは……。それだけのことをやっておれば、当時、ものすごい数の証人がいたはずです。

綾織　そうですね。

杉原千畝　少なくとも、「銃弾《じゅうだん》でとか、あるいは日本刀で斬《き》ったりして、何十万の人を殺した」っていうなら、たぶん、万の単位の証人が得られるはずです。

軍事進攻の過程で死ぬ人が出たのは間違《まちが》いないけども、それだけの証人がいないことから見て、それを、「人道に対する罪的なもの」で捉《とら》えるのは、やはり、私の感じから見ても、ちょっと違うんじゃないかなあと思います。

それに、中国人には、まだ逃《に》げていくところはありましたので。奥地《おくち》とかに、まだまだ逃げていましたし、共産党軍も、奥地でまだやっていましたので。

「プロパガンダの一つとして、向こうがやっていることを、そのまま使われた」という意味合いが強いのではないかと思います。

形式的で、ＰＲが下手《へた》だった日本

杉原千畝　私の「命のビザ」のところについて、ユネスコ遺産がどうのこうのと私が言うのもおこがましいので、何とも言えません。言えませんが、事実としてあったものは、あったものです。それを、「この国が非人道的な国ではなかった」と言うために、多少なりとも使えるなら、使っていただいて構わないと思います。

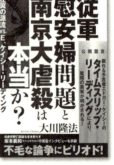

南京事件については、多少は破壊《はかい》活動があって、向こうの統治機関等が壊《こわ》されたり、途中《とちゅう》で死んだりした人もいるとは思うけれども、虐殺的なものはなかったんではないかなと、私は思っています。

綾織　「『杉原リスト』の記憶遺産への登録自体は、個人のものではない」とおっしゃってくださったので、私どもとしては、「人道的なユダヤ人の保護を、ある意味、日本として国を挙げて行《おこな》った」というか

たちの考え方を広めていきたいと思います。

杉原千畝　まあ、戦後、私の名誉が回復するのが遅《おそ》かったところが、日本として微《び》妙《みょう》なのでしょう。その頑《かたく》なだった部分が、「日本国政府としては反対だった」というふうに捉えられているところもあって、それが〝逆宣伝〟に使われているのかなとは思われるので。

綾織　なるほど。

杉原千畝　だから、日本の「役所体質」や、「軍人体質」のあれがねえ。うーん、まあ、形式的に動いていた部分のところが難しかったのかなあと思うけど。
　アメリカっていうのは、そういう規律を重視して、戦争なんかをすることはするけど、ヒューマニズムはヒューマニズムで、非常にまた大事にするところがある。

そういうヒューマニズムについては、すごく脚光《きゃっこう》を浴びせて表彰《ひょうしょう》するようなところがあるけど、日本は目立つのが好きでない国民性だったので、ややPRが下手《へた》なところはあったわねえ。

だから、私は、そのへんを日本の最高首脳たちがどういうふうに考えたのかについて、もうひとつ分からないんですけどねえ。

「中国、日本、アメリカの関係の見直しが起きるだろう」

杉原千畝　あの『落日燃《らくじつも》ゆ』（城山三郎《しろやまさぶろう》著）の●廣田弘毅《ひろたこうき》さんなんかもA級戦犯で、文官として、ただ一人、処刑《しょけい》されてますでしょう?

綾織　はい。

杉原千畝　彼は外交官もやってましたけど、明らかに反戦平和主義者でしたから。

●**廣田弘毅**（1878～1948）　第32代総理大臣。戦後の極東軍事裁判で、文官としてはただ一人、A級戦犯として処刑された。『「首相公邸の幽霊」の正体』（幸福の科学出版刊）参照。

そうした反戦平和主義者が、日本の首相を務めたということによって処刑されているあたりに、そうとうな憎悪《ぞうお》というか、まあ、「先入観かつ憎悪」が入っていたとは思うんでね。

ドイツもそうなんですけども、戦後、日本は、あまりにも自己卑下《ひげ》的に生きてきたところはあるので。

ドイツも、本当は指導力を発揮すれば救えるべき国もあるのに、臆病《おくびょう》に動くために、救済し切れない面はあるのかなとは思えるんですよね。だから、ＥＵで主導権を取れば、ヒットラーの再来に見えますのでねえ。これは、日本も同じような立場にあるんですが。

いずれ、この中国と日米との関係は、清算されることになるとは思う。何らかのかたちで時代が動いて、先の大戦も含めて、見直しが必ず起きるんじゃないかとは思いますね。

中国としては、「軍事国家にならなければ、また、先の戦争みたいに日本に攻められたりすることがあるから、先に軍事国家化しているんだ」と言うかもしれませんが。

まあ、アメリカの政権の行方《ゆくえ》も見ながらですけどね。今のところ、民主党の政権がちょっと続いてはおりますけど、民主党政権が続くかどうか、共和党政権になるかどうか、とっても大きな選択肢《せんたくし》が待ってるでしょうね。

民主党政権が、今のオバマさんに続いて、まだ続くようでしたら、日本はかなり外交的には厳しいと見たほうがいいと思う。できるだけ厳しい線で物事を考えて、対策を練っておくべきだろうと思います。

共和党政権のほうになった場合でしたら、やや、日本の〝平和主義者〟たちには物足りないっていうか、反対は起きると思いますけれども、日本の安全はやや確保される方向には行くと思います。

だから、今の民主党政権が続くようでしたら、もし、中国との開戦が起きても、日本だけが被害者《ひがいしゃ》として置き去りになる可能性がないわけではない。

「ちょっとやって、すぐ逃げる」ということをやられたら、大変なことになります。安倍《あべ》さん型の政治運営も、「日本が先兵《せんぺい》になって戦います」みたいなことを胸を張って言うようなところまで行ったら、本当に日本だけが戦場になるようなこともないとは言えないので、アメリカの選挙の行方は、とっても大きいですね。

綾織　ありがとうございます。

10　人道主義を貫《つらぬ》いた杉原千畝の霊的背景《れいてき》に迫《せま》る

杉原千畝は今、どのような霊界《れいかい》にいるのか？

綾織　最後、霊界《れいかい》の探究の意味も込《こ》めまして……。

杉原千畝　ああ、そうか。

綾織　過去にどのようなご経験をされ、また、活躍《かつやく》されてきたのかということを、教えていただける範囲《はんい》で構いませんので、お願いできればと思います。

杉原千畝　うーん、そうねえ……。

まあ、あなたがたの言葉で言うと、●七次元の菩薩界《ぼさつかい》っていうところに、たぶんいるんだろうと思います。たぶん、そういうところにいるんだろうとは思いますけどね。

そうねえ、似たような人って、どんな人がいるかなあ。いやあ、日本の霊界としては、ああいう人が近いですね。法然《ほうねん》や親鸞《しんらん》なんかが、わりに近いところにいるような感じですかね。

綾織　要するに、「救済の使命」を持たれている、と。

杉原千畝　そちらのほうに、やや近いかなあ。

ヨーロッパ霊界のほうでは、旧ロシア、旧ソ連については、あなたがたが知らないような名前で出ている者もいますけれども。まあ、キリスト教系でも、多少は出ているかな。聖職者として出たことはあると思います。

●**七次元の菩薩界**　霊天上界は多次元構造となっており、地球系では九次元宇宙界以下、八次元如来界、七次元菩薩界、六次元光明界、五次元善人界、四次元幽界、三次元地上界がある。七次元は救済行や利他行に生きた人たちがいる世界。『永遠の法』（幸福の科学出版刊）等参照。

それから、古代まで遡《さかのぼ》ると、やっぱり、キリスト教徒もユダヤ教徒も経験はあるし、日本神道《しんとう》も経験がありますね。古代では、あるので。まあ、魂《たましい》的にはやや宗教性はあるのかなと思います。うーん、宗教性はある魂だと思う。

綾織　私たちが分かるお名前として、何かありますか。

杉原千畝　さあ……、あなたがたに分かる名前……。そんな有名な人が、〝三流外交官〟でいますかねえ。

綾織　いやいや、宗教者ということでしたら、分かる方もいらっしゃるかなと思うのですが。

杉原千畝　うーん、そうだねえ。あなたがたに分かる宗教者……。どのあたりなら分かるかなあ。うーん……。（約五秒間の沈黙《ちんもく》）いや、ここの宗教は、格が高すぎて、何か偉《えら》い人が多すぎて。

綾織　いえいえ。そんなことはないと思います。

杉原千畝　ちょっと、私らのような下々《しもじも》が出られるところではないので。これはもうほんとに、「専門職」ですよ。ほんの一点なんです。世界の歴史と地球の歴史の、ほんの一点でしか活躍してない存在なので。まあ、そんな大きなものではないですねえ。

いやいや、もう語るべきものはありません。

綾織　日本にいらっしゃったことがあるということでしたけれども、日本だと分かるお名前があるかと思います。

杉原千畝　いやあ、あなたがたは、天皇ぐらいにならないと知らないでしょう？

綾織　いや、そんなことはないです（笑）。

杉原千畝　知らないというか、知ろうとしないというか、まあ、そのくらいの人しか知らないでしょう？　それ以外の救済レベルの人たちがいても、たぶん知らないですから。

幸福実現党へのメッセージ

釈　お名前は遺ってないかもしれないけれど、本当に「日本のヒーロー」です。

杉原千畝　いやあ、どうですかねえ。

釈　素晴《すば》らしいと思います。

杉原千畝　まあ、魂的には、ちょっと国際性がないわけではありませんけど、日本にも縁《えん》があるし、キリスト教圏《けん》やユダヤ教圏にも、実は関係はあるということですね。

今後の日本の舵取《かじと》りはとても難しいし、私みたいな、諜報《ちょうほう》活動用の外交官では、ちょっと判断し切れないような、大きな「国対国」の政治が関係するので、何にも言えません。

ただ、国防をされるのは大事だとは思うけれども、利用されないように上手にしてください。そういう、インテリジェンス（諜報）の判断はしっかりしないと、幸福実現党も……。（釈に）あなた、そうでしょう？　幸福実現党も、〝安倍《あべ》政権の先兵《せんぺい》〟として、いいように使われないようにしてください。それは危険で、結果的にあなたがたが責任を取らされるだけになりますのでね。

釈　はい。ありがとうございます。

杉原千畝　そうならないようにはしてください。だから、一方で「国防の大事さ」を説くならば、片方でやはり、「人道的な救済の大切さ」も同時に説く、宗教的な面も外へ打ち出しておかないといけないと思いますよ。

まあ、立派な日本人が数多く出て、世界の問題解決に当たってくださることを望みたいと思いますけれども、あなたがたが、何て言うか、私みたいな、〝猫《ねこ》に鈴《すず》を付ける役〟をやらされないように祈《いの》りたいなあという気持ちでいっぱいです。

釈　ありがとうございます。

綾織　本日は、「日本外交の正義論」ということで、お話をお伺《うかが》いいたしました。本当にありがとうございます。

杉原千畝　まあ、心配しすぎないで。ここはまだ、重要な情報を発信していますから、きっと正しい方向に人々を導けると思いますし、歴史をもう一回再考するに当たって、非常に貴重な情報が出ていると思います。

日本人に「勇気」と「自信」を持ってもらうことは大事。しかし、やりすぎないように十分に注意することも大事。あと、「世界との調和」を目指すことも大事です。そのへんが分かった上で、未来を説いてくだされればありがたいなと思っています。

綾織　はい。ありがとうございました。

磯野　ありがとうございました。

11　杉原千畝の霊言《れいげん》を終えて

大川隆法　（手を一回叩《たた》く）うーん（笑）。

〝三流外交官〟ということで何度も逃《に》げられたので、まあ、どうなのですかね。

綾織　「国を超《こ》え、民族を超えて、一人ひとりを大切にする」という観点は非常に大事だと思いました。

大川隆法　政治的な大きなうねりに対して無力なことは、よくご存《ぞん》じなんでしょう。

綾織　はい。

大川隆法　そういうものについては、あまり是非《ぜひ》を言えるような立場にはないけれども、最終的に、庶民《しょみん》、一般《いっぱん》ピープルが難民になったり苦しむなかに置かれたりしないようにするための努力は、常に考えておかなければいけないということでしょうか。

つまり、「正義論」としては、「筋論《すじろん》としての正義を追究する必要はあるけれども、国民が難民になるようなことはあまりしないように注意して行いなさい」ということでしょうか。

綾織　はい。

大川隆法　それでも意外に、南京《ナンキン》事件に関しては、「戦争はあったかもしれないけれども、虐殺《ぎゃくさつ》があったとは思えない」と言われていました。

綾織　そうですね。

大川隆法　「『三十万人虐殺』などということがあれば、絶対に一万人ぐらいは証人がいるはずだ。それが見つからない以上、そういうことがあったとは思えない。日本軍は基本的に『軍隊対軍隊の戦い』ということを考えていた」ということを杉原さんから言ってくださったので、当方の言ってる史観がそれほど大きく間違《まちが》っているわけではないのかなと思いました。

綾織　はい。

大川隆法　ただ、宗教としては、「ヒューマニズム」というか、「人道主義」の面も持っていないといけないでしょう。

「好戦的に見えすぎると、結局、安倍《あべ》政権の生贄《いけにえ》にされるぞ」ということを注意なさっていましたが、これは竹下登《たけしたのぼる》さんの意見（『政治家が、いま、考え、なすべきこととは何か。元・総理　竹下登の霊言《れいげん》』〔幸福実現党刊〕参照）とも一致《いっち》していますので、ちょっと気をつけないといけませんね。

綾織　そうですね。

釈　まさに、『正義の法』（前掲《ぜんけい》）で説かれる「血の通《かよ》った正義」にも通じるところが、非常に印象的で素晴《すば》らしかったです。

大川隆法　そうですね。あまり大勢の人が死ぬような戦いだったら、もう少し話し

『政治家が、いま、考え、なすべきこととは何か。元・総理　竹下登の霊言』（幸福実現党刊）

合いで解決できるように持っていかなければいけないし、その対立が価値観のぶつかり合いにあるのなら、やはり、「理解するための戦い」というか、「言論や思想による戦い」をしなければいけないということでしょうか。

そして、その次に「外交の戦い」になるのです。「言論・思想の戦い」の次が外交戦でしょうし、これで敗れたときに、初めて「戦争」になるのでしょう。

あまりシンプルに考えすぎてもいけないということですね。

いずれにせよ、貴重なアドバイスだと思います。杉原千畝の霊言を出しておくこと自体で、幸福実現党を受け止める層の裾野《すその》が少し広がるのではないでしょうか。

釈　ありがとうございます。

大川隆法　「完全なタカ派の、攻撃一辺倒《こうげきいっぺんとう》の宗教でもないのかな」と思ってくださる方が少しでも増えるのであれば、杉原さんを紹介《しょうかい》するのもよいのではないかと思います。

名優・唐沢寿明《からさわとしあき》さんが演じていますので、エル・カンターレ祭が終わったあと、まだ映画（「杉原千畝　スギハラチウネ」）が上映されているようであれば観《み》てくださってもいいかとは思いますが、そういうマクロの面を見落とさないようにしてください。

それでは、ありがとうございました（手を二回叩く）。

綾織　ありがとうございました。

あとがき

ナチスの迫害から逃《のが》れようとしていたユダヤ人六千人を救った「命のビザ」の外交官については、今は日本の小学生でも知っている人が多い。

にもかかわらず、ユダヤの大富豪たちが日本に移り住んで来ないことを、もう少しこの国の国民は不思議に思ってもよいのかもしれない。金持ちたちは、自分と家族の生命・安全・財産を護《まも》るため、強い国に住みたがるのだ。また移民に対して厳しすぎる国策《こくさく》も、一国平和主義を墨守《ぼくしゅ》し続けるエゴイストの国に見えていることだろう。これと、超高齢社会に入って、若者人口が減り、国の未来があやぶまれていることとが、わが国の問題として対《つい》になっているだろう。

ユニバーサルマンになることも、ヒューマニズムを実践することも、実際には難しいことだろう。だからこそ、新しい宗教が未来社会に「生命《いのち》」を吹き込むことができれば、うれしいことだと考えている。

二〇一五年　十二月二十四日

幸福《こうふく》の科学《かがく》グループ創始者兼総裁《そうししゃけんそうさい》　大川隆法《おおかわりゅうほう》

『杉原千畝に聞く　日本外交の正義論』大川隆法著作関連書籍

『正義の法』（幸福の科学出版刊）
『「忍耐の時代」の外交戦略　チャーチルの霊言』（同右）
『国家社会主義とは何か――公開霊言　ヒトラー・菅直人守護霊・胡錦濤守護霊・仙谷由人守護霊――』（同右）
『南京大虐殺と従軍慰安婦は本当か――南京攻略の司令官・松井石根大将の霊言――』（同右）
『天に誓って「南京大虐殺」はあったのか――『ザ・レイプ・オブ・南京』著者アイリス・チャンの霊言――』（同右）
『従軍慰安婦問題と南京大虐殺は本当か？――左翼の源流 vs. E.ケイシー・リーディング――』（同右）

『政治家が、いま、考え、なすべきこととは何か。元・総理　竹下登の霊言』
（幸福実現党刊）

『大川隆法の〝大東亜戦争〟論［中］』（大川真輝　著　ＨＳＵ出版会刊）

杉原《すぎはら》千畝《ちうね》に聞《き》く　日本外交《にほんがいこう》の正義論《せいぎろん》

2015年12月26日　初版第1刷

著　者　　大《おお》川《かわ》隆《りゅう》法《ほう》

発行所　　幸福の科学出版株式会社

〒107-0052 東京都港区赤坂2丁目10番14号
TEL(03)5573-7700
http://www.irhpress.co.jp/

印刷・製本　株式会社 東京研文社

落丁・乱丁本はおとりかえいたします

ISBN978-4-86395-748-0 C0030

写真：朝日新聞社/時事通信フォト／共同通信社／ meunierd/Shutterstock.com
Bonio ／ 663highland ／近現代 PL - アフロ／時事

大川隆法霊言シリーズ・正しい歴史認識を求めて

明治天皇・昭和天皇の霊言

日本国民への憂国のメッセージ

両天皇は、今の日本をどのように見ておられるのか？ 日本において〝タブー〟とされている皇室論についても、率直な意見が語られる。

1,000円

公開霊言 東條英機、「大東亜戦争の真実」を語る

戦争責任、靖国参拝、憲法改正……。他国からの不当な内政干渉にモノ言えぬ日本。正しい歴史認識を求めて、東條英機が先の大戦の真相を語る。【幸福実現党刊】

1,400円

「首相公邸の幽霊」の正体

東條英機・近衛文麿・廣田弘毅、日本を叱る！

その正体は、日本を憂う先の大戦時の歴代総理だった！ 日本の行く末を案じる彼らの強い信念が語られる。安倍首相守護霊インタビューも収録。

1,400円

大川隆法霊言シリーズ・**正しい歴史認識を求めて**

されど、大東亜戦争の真実 インド・パール判事の霊言

自虐史観の根源にある「東京裁判」の真相は何だったのか。戦後70年、戦勝国体制の欺瞞を暴き、日本が国家の気概を取り戻すための新証言。

1,400円

南京大虐殺と従軍慰安婦は本当か

南京攻略の司令官・松井石《いわ》根《ね》大将の霊言

自己卑下を続ける戦後日本人よ、武士道精神を忘れるなかれ！ 南京攻略の司令官・松井大将自らが語る真実の歴史と、日本人へのメッセージ。

1,400円

パラオ諸島ペリリュー島守備隊長 中川州《くに》男《お》大佐の霊言

隠された〝日米最強決戦〟の真実

アメリカは、なぜ「本土決戦」を思い留まったのか。戦後 70 年の今、祖国とアジアの防衛に命をかけた誇り高き日本軍の実像が明かされる。

1,400円

※表示価格は本体価格（税別）です。

大川隆法霊言シリーズ・世界情勢を読む

中国と習近平に未来はあるか
反日デモの謎を解く

「反日デモ」も、「反原発・沖縄基地問題」も中国が仕組んだ日本占領への布石だった。緊迫する日中関係の未来を習近平氏守護霊に問う。【幸福実現党刊】

1,400円

「忍耐の時代」の外交戦略 チャーチルの霊言

もしチャーチルなら、どんな外交戦略を立てるのか? "ヒットラーを倒した男"が語る、ウクライナ問題のゆくえと日米・日ロ外交の未来図とは。

1,400円

イラン大統領 vs.イスラエル首相
中東の核戦争は回避できるのか

世界が注視するイランとイスラエルの対立。それぞれのトップの守護霊が、緊迫する中東問題の核心を赤裸々に語る。【幸福実現党刊】

1,400円

大川隆法霊言シリーズ・キリスト教精神に迫る

キリストの幸福論

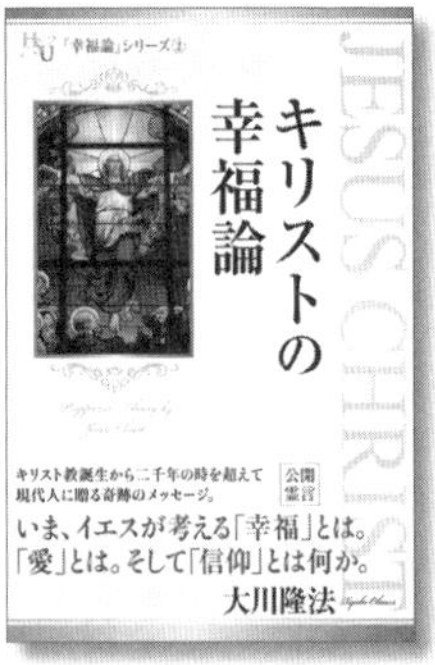

失敗、挫折、苦難、困難、病気……。この世的な不幸に打ち克つ本当の幸福とは何か。2000年の時を超えてイエスが現代人に贈る奇跡のメッセージ!

1,500円

マザー・テレサの宗教観を伝える

神と信仰、この世と来世、そしてミッション

英語霊言 日本語訳付き

神の声を聞き、貧しい人びとを救うために、その生涯を捧げた高名な修道女マザー・テレサ――。いま、ふたたび「愛の言葉」を語りはじめる。

1,400円

公開霊言

内村鑑三に現代の非戦論を問う

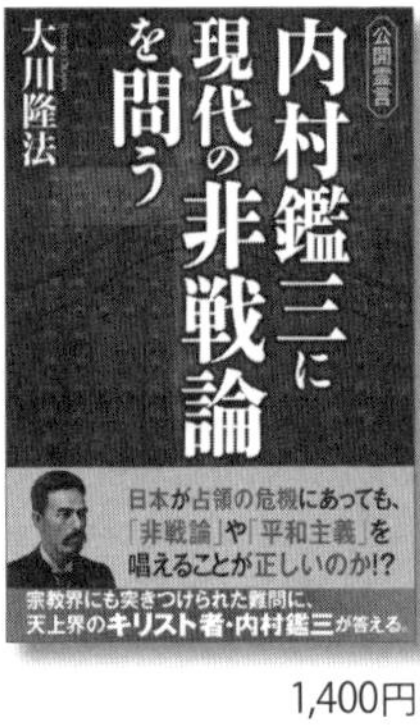

生前、日露戦争に対する非戦論を唱えたキリスト者・内村鑑三。国家存亡の危機に、再び「非戦論」や「平和主義」を唱えるのか。

1,400円

※表示価格は本体価格(税別)です。

大川隆法ベストセラーズ・歴史認識と外交を考える

「正しき心の探究」の大切さ

靖国参拝批判、中・韓・米の歴史認識……。「真実の歴史観」と「神の正義」とは何かを示し、日本と世界に立ちはだかる問題を解決する一書。

1,500円

真の平和に向けて

沖縄の未来と日本の国家戦略

著者自らが辺野古を視察し、基地移設反対派の問題点を指摘。戦後70年、先の大戦を総決算し、「二度目の冷戦」から国を護る決意と鎮魂の一書。

1,500円

自由の革命

日本の国家戦略と世界情勢のゆくえ

「集団的自衛権」は是か非か!? 混迷する国際社会と予断を許さないアジア情勢。今、日本がとるべき国家戦略を緊急提言!

1,500円

大川隆法「法シリーズ」・最新刊

正義の法

法シリーズ第22作

憎しみを超えて、愛を取れ

正義の法
The Laws of Justice
憎しみを超えて、愛を取れ
大川隆法
Ryuho Okawa
発刊点数2000書突破!
憲法論争 格差問題 歴史認識
中国の軍拡 北朝鮮問題 中東紛争
あらゆる価値観の対立を超えて――
私たち一人ひとりが、
「幸福」になる選択とは何か。

テロ事件、中東紛争、中国の軍拡――。
どうすれば世界から争いがなくなるのか。
あらゆる価値観の対立を超える
「正義」とは何か。
著者二千冊目となる「法シリーズ」最新刊！

2,000円

第１章　神は沈黙していない――「学問的正義」を超える「真理」とは何か
第２章　宗教と唯物論の相克―― 人間の魂を設計したのは誰なのか
第３章　正しさからの発展――「正義」の観点から見た「政治と経済」
第４章　正義の原理
――「個人における正義」と「国家間における正義」の考え方
第５章　人類史の大転換――日本が世界のリーダーとなるために必要なこと
第６章　神の正義の樹立―― 今、世界に必要とされる「至高神」の教え

幸福の科学グループのご案内

宗教、教育、政治、出版などの活動を通じて、地球的ユートピアの実現を目指しています。

幸福の科学

一九八六年に立宗。信仰の対象は、地球系霊団の最高大霊、主エル・カンターレ。世界百カ国以上の国々に信者を持ち、全人類救済という尊い使命のもと、信者は、「愛」と「悟り」と「ユートピア建設」の教えの実践、伝道に励んでいます。

（二〇一五年十二月現在）

愛

幸福の科学の「愛」とは、与える愛です。これは、仏教の慈悲《じひ》や布施《ふせ》の精神と同じことです。信者は、仏法真理をお伝えすることを通して、多くの方に幸福な人生を送っていただくための活動に励んでいます。

悟り

「悟り」とは、自らが仏の子であることを知るということです。教学《きょうがく》や精神統一によって心を磨き、智慧《ちえ》を得て悩みを解決すると共に、天使・菩薩《ぼさつ》の境地を目指し、より多くの人を救える力を身につけていきます。

ユートピア建設

私たち人間は、地上に理想世界を建設するという尊い使命を持って生まれてきています。社会の悪を押しとどめ、善を推し進めるために、信者はさまざまな活動に積極的に参加しています。

国内外の世界で貧困や災害、心の病で苦しんでいる人々に対しては、現地メンバーや支援団体と連携して、物心両面にわたり、あらゆる手段で手を差し伸べています。

年間約３万人の自殺者を減らすため、全国各地で街頭キャンペーンを展開しています。

公式サイト **www.withyou-hs.net**

ヘレン・ケラーを理想として活動する、ハンディキャップを持つ方とボランティアの会です。視聴覚障害者、肢体不自由な方々に仏法真理を学んでいただくための、さまざまなサポートをしています。

公式サイト **www.helen-hs.net**

INFORMATION

お近くの精舎・支部・拠点など、お問い合わせは、こちらまで！

幸福の科学サービスセンター

TEL. 03-5793-1727（受付時間 火〜金：10〜20時／土・日・祝日：10〜18時）

幸福の科学 公式サイト happy-science.jp

学部のご案内

人間幸福学部

人間学を学び、新時代を切り拓くリーダーとなる

人間の本質と真実の幸福について深く探究し、
高い語学力や国際教養を身につけ、人類の幸福に貢献する
新時代のリーダーを目指します。

経営成功学部

企業や国家の繁栄を実現する、起業家精神あふれる人材となる

企業と社会を繁栄に導くビジネスリーダー・真理経営者や、
国家と世界の発展に貢献する
起業家精神あふれる人材を輩出します。

未来産業学部

新文明の源流を創造するチャレンジャーとなる

未来産業の基礎となる理系科目を幅広く修得し、
新たな産業を起こす創造力と起業家精神を磨き、
未来文明の源流を開拓します。

未来創造学部

2016年4月
開設予定

時代を変え、未来を創る主役となる

政治家やジャーナリスト、ライター、俳優・タレントなどのスター、
映画監督・脚本家などのクリエーターを目指し、国家や世界の発展、
幸福化に貢献できるマクロ的影響力を持った徳ある人材を育てます。

キャンパスは東京がメインとなり、2年制の短期特進課程も新設します
（4年制の1年次は千葉です）。2017年3月までは、赤坂「ユートピア
活動推進館」、2017年4月より東京都江東区（東西線東陽町駅近く）
の新校舎「HSU未来創造・東京キャンパス」がキャンパスとなります。

教育

学校法人 幸福の科学学園

学校法人 幸福の科学学園は、幸福の科学の教育理念のもとにつくられた教育機関です。人間にとって最も大切な宗教教育の導入を通じて精神性を高めながら、ユートピア建設に貢献する人材輩出を目指しています。

幸福の科学学園

中学校・高等学校（那須本校）
2010年4月開校・栃木県那須郡（男女共学・全寮制）
TEL **0287-75-7777**
公式サイト **happy-science.ac.jp**

関西中学校・高等学校（関西校）
2013年4月開校・滋賀県大津市（男女共学・寮及び通学）
TEL **077-573-7774**
公式サイト **kansai.happy-science.ac.jp**

ハッピー・サイエンス・ユニバーシティ（HSU）
TEL **0475-32-7770**

仏法真理塾「サクセスNo.1」 TEL **03-5750-0747**（東京本校）
小・中・高校生が、信仰教育を基礎にしながら、「勉強も『心の修行』」と考えて学んでいます。

不登校児支援スクール「ネバー・マインド」 TEL **03-5750-1741**
心の面からのアプローチを重視して、不登校の子供たちを支援しています。
また、障害児支援の**「ユー・アー・エンゼル!」運動**も行っています。

エンゼルプランV TEL **03-5750-0757**
幼少時からの心の教育を大切にして、信仰をベースにした幼児教育を行っています。

シニア・プラン21 TEL **03-6384-0778**
希望に満ちた生涯現役人生のために、年齢を問わず、多くの方が学んでいます。

NPO
活動支援

学校からのいじめ追放を目指し、さまざまな社会提言をしています。また、各地でのシンポジウムや学校への啓発ポスター掲示等に取り組む一般財団法人「いじめから子供を守ろうネットワーク」を支援しています。

公式サイト **mamoro.org**
相談窓口 **TEL.03-5719-2170**
ブログ **blog.mamoro.org**

政治

幸福実現党

内《ない》憂《ゆう》外《がい》患《かん》の国難に立ち向かうべく、二〇〇九年五月に幸福実現党を立党しました。創立者である大川隆法党総裁の精神的指導のもと、宗教だけでは解決できない問題に取り組み、幸福を具体化するための力になっています。

党員の機関紙
「幸福実現NEWS」

TEL 03-6441-0754
公式サイト hr-party.jp

出版メディア事業

幸福の科学出版

大川隆法総裁の仏法真理の書を中心に、ビジネス、自己啓発、小説など、さまざまなジャンルの書籍・雑誌を出版しています。他にも、映画事業、テレビ・ラジオ番組の提供など、幸福の科学文化を広げる事業を行っています。

アー・ユー・ハッピー?
are-you-happy.com

ザ・リバティ
the-liberty.com

幸福の科学出版
TEL 03-5573-7700
公式サイト irhpress.co.jp

THE FACT

ザ・ファクト
マスコミが報道しない
「事実」を世界に伝える
ネット・オピニオン番組

Youtubeにて
随時好評配信中!

ザ・ファクト　検索